天下文化

BELIEVE IN READING

深刻認識一個人

HOW TO KNOW A PERSON

The Art of Seeing Others Deeply and Being Deeply Seen

DAVID BROOKS

大衛・布魯克斯 著　　廖月娟 譯

獻給我的摯友
彼得·馬克斯

CONTENTS

第三部 我看到你的力量

出版者的話

大衛．布魯克斯的人生寫作：從理性到感性

王力行　遠見．天下文化事業群創辦人

做為一名新聞工作者，我最喜歡《紐約時報》的三位專欄作家文章：佛里曼（Thomas Friedman），紀思道（Nicholas Kristof）和布魯克斯（David Brooks）。他們三位都是記者出身，有身經百戰的採訪經驗，有博覽群書的廣泛知識，有對人類好奇的深度關懷，更有一支懂得說故事的生花妙筆。

長期閱讀他們的文章，讓你深度理解這個社會、世界的轉變；了解人類不同文化、種族、成長背景，卻共存一個地球，應調適相處的規範。長期在他們文字的影響下，讓你與時俱進、終身學習；激發你的思考、觀念，讓你不覺落伍而充滿前進的動力。

相對於佛里曼和紀思道的新聞性、國際觀強，大衛．布魯克斯更具有人文歷史背景和哲學思考。

他出生於加拿大，在美國芝加哥大學主修歷史。曾經擔任過《華爾街日報》記者，PBS、NPR和NBC的新聞評論員。從二〇〇三年開始於《紐約時報》撰寫文化、政治評論。

從小立志做作家，七歲時讀了《派丁頓熊》（*Paddington Bear*）後，幾乎天天寫作。自小也是個觀察者，老師告訴他的母親：「大衛不和同學玩，他只在一旁觀察他們。」這樣的特質，正適合當記者。

大衛．布魯克斯性格比同齡人理性成熟。十八歲高中畢業後申請哥倫比亞大學、衛斯理學院和布朗大學，他自我調侃，最後三校的招生主任一致建議他去上芝加哥大學。

他進入芝加哥大學主修歷史後，發現學院派、理性派的芝加哥大學完全吻合他的性格。

他幽默的講述自己無可救藥的理性故事。十五年前，他帶著小兒子去看棒球；他看過上百場棒球，但從來沒有碰過棒球。那天一位打擊手揮棒，球棒竟然斷裂，除了握柄，球棒飛越選手席，正好掉在大衛．布魯克斯腳邊（這個機率是棒球掉進來的千分之一）。當時他並沒有像一般球迷那樣站起來歡呼擊掌，他面無表情的依舊坐在位置上，輕輕的把球棒放在身邊地上。

他深知自己的理性弱點需要修正，二〇一一年，透過寫《社會性動物》一書開始學習情感。他開玩笑說：「這是芝加哥大學的經典技倆：透過寫書來學習。」

從此，他打開心扉，學音樂、舞蹈、藝術，開始進一步了解「人」：不同種族、不同文化、不同階層的人，到底彼此有多了解？彼此有多尊重和關心？

此時，他也發現：「當我正在變得更人性化時，國家卻走向更少人性化和更虛無。」從一九九九年到二〇一九年，美國自殺率上升了百分之三十三。某項調查中，自覺孤獨的人占百分之三十六，青少年更嚴重，有百分之四十五說他們覺得絕望和無助。

科技的快速發展，社交媒體讓人發狂；人們不再關心和參與公民事務；社會貧富差距加大，讓人悲傷；階層對立，惡意攻擊，使人恐慌。

理性而老成的大衛．布魯克斯，透過文字和社會觀察，曾前後出版過《社會性動物》、《BOBO族：新社會精英的崛起》、《成為更好的你》、《第二座山》（後兩本為天下文化出版）等書，寫盡人生。

這本新書《深刻認識一個人》，是作者花了四年時間，蒐集採訪、觀察這個社會為什麼互相埋怨不公、彼此敵對，人們愈來愈孤單、痛苦的背後原因。他找出關鍵在「人與人之間彼此沒有深刻的認識和理解，因此冷漠忽視」。他釐清、整理出一套方法，幫助大家變好，「只有人變好了，更具人文心、同理心，社會才會更好。」

書中他舉出許多例子和故事，告訴讀者平時忽略的和人說話的技巧，如何凝視，如何傾聽；如何透過人文學科的閱讀學習，成為「照亮者」，而不是「削弱者」。

大衛．布魯克斯認為作者的使命是：「做為一名作家，我是一個告訴其他乞丐，我在哪裡找到麵包的乞丐。」意思是：他讀到、聽到、學到對他有用的東西，他喜歡與人分享。

第一部

我看見你

01 被看見的力量

你看見我，照亮我，我就綻放如花。

如果你看過「屋頂上的提琴手」（*Fiddler on the Roof*）這部老電影，就知道猶太家庭有多麼溫暖、熱情，總是擁抱彼此、歡唱、跳舞、大笑，也一起抱頭痛哭。

但我來自另一種猶太家庭。

我成長的文化，一言以蔽之：「思維方式是猶太人，行為舉止像英國人。」我們家的人是拘謹、嚴肅的。我不是說，我童年很可憐——絕非如此。對我來說，家是一個刺激我成長的地方。在感恩節餐桌上，我們討論維多利亞時期的墓碑和乳糖不耐症的演化根源（我可不是在開玩笑）。我們是一個有愛的家庭，只是不會把愛表現出來。

於是，我變得有點冷淡、疏離。或許，這不教人意外。我四歲時，幼兒園的老師顯然曾對我父母說：「大衛有時不喜歡跟其他小朋友一起玩。他多半站在一邊，觀察他們。」不知這是天性使然，還是後天造成的，冷漠已成為我個性的一部分。上高中之後，我已在自己的腦子裡長住。寫作是一件孤獨的事，但在我把腦海中的思緒轉化為文字時，我覺得自己活力四射。高三那年，我曾想跟一個名叫柏妮絲的女孩約會。搜集情報之後，我發現她已心有所屬，想跟另一個男生約會。我很挫折。記得當時我對自己說：「她在想什麼？我文章寫得比那個傢伙好多了！」很有可能我是用一種比較狹隘的眼光，來看大多數人的社交生活。

後來，在我十八歲那年，哥倫比亞大學、衛斯理大學和布朗大學的招生人員決定我該去芝加哥大學。我愛我的母校，自從畢業至今，這所學校已變了很多。當時，那不是一個教我傾聽內心聲音的所在，因此我仍在情感冰河期，沒有破冰的跡象。關於芝加哥大學的描述，這句深得我心：「這是一所由浸信會支持、成立的大學，無神論教授在此教猶太學生聖多瑪斯．阿奎那（Saint Thomas Aquinas）的思想。」學生依然穿著這種文字T：「這實際上行得通，但理論上說得過去嗎？」我就這樣走進這個充滿刺激、令人興奮的世界……讓我意想不到的是，在這裡，我竟然如魚得水。

如果你遇見大學畢業十年後的我，也許會覺得我是個討人喜歡的年輕人，開朗、有點拘謹——但莫測高深，讓人有「不知何許人也」之感，也很難了解別人。其實，我是個經驗老到的逃避專家。如果有人想親近我，我則善於跟他們的鞋子眼神交流，然後找藉口說，我有要事……現在非去一趟洗衣店不可。我明白，這不是待人接物之道。然而，只要有人想跟我互動，建立友誼的橋梁，我就尷尬萬分。其實，我打從內心渴望與人溝通，只是不知該說些什麼。

壓抑情感成了我在這個世界上生存的預設模式。我認為，這是常見的原因造成的：對親密關係的恐懼；直覺警告我，如果我讓自己真情流露，我會不喜歡自己表現出來的情感；對脆弱的恐懼；社交能力低下。一個看似微不足道、愚蠢的小插曲象徵我這樣的壓抑人生。我是個超級棒球迷，雖然在現場看過數百場比賽，卻不曾在看台上撿過界外球。約莫十五年前，有一天我在巴爾的摩看球賽。一個打擊者揮棒，砰，球棒斷裂，除了握柄，整支球棒飛了出去，飛越選手席，掉落在我腳邊。我上身前傾，把球棒撿起來。在球賽能撿到球棒，要比撿到球難得一千倍！我應該狂喜的跳上跳下，像舉起獎杯那樣把球棒高高舉起，在空中揮舞，跟周圍的人擊掌，出現在超大螢幕上，當個幾秒鐘的名人。每個人都盯著我看，然而我只是把球棒放在腳邊，一動也不動的坐著，一臉木然。回想起這一刻，我想對自己大喊：「露出一點笑容吧！」但說到自發的表現情感，我就跟大白菜一樣，喜怒哀樂不形於色。

不過，人生總有辦法使你軟化。當了父親有如歷經一場情感革命。後來，我和任何成年人一樣，承受種種打擊：關係破裂，與人反目成仇，眾目睽睽下的失敗、丟臉，以及年歲漸增帶來的脆弱。了解自己的脆弱，對我來說是件好事，我因而開始正視自己內心深處的壓抑。

另一件小事則象徵我開始踏上人生的蛻變之旅，漸漸成為一個圓滿、成熟的人。由於我是評論員，有時會受邀上電視跟其他人一起討論。通常，一起上節目的是來自華盛頓智庫的專家。你可以想見，他們不但能言善辯，而且講得慷慨激昂，比方就財政政策展開唇槍舌戰。（正如記者梅格．葛林菲德〔Meg Greenfield〕所言，華盛頓不是充斥把貓塞進烘衣機的野孩子，而是有一大堆喜歡告發別人的孩子，說有人把貓塞進烘衣機。）有一天，我應邀參加紐約公共劇院的小組討論會。饒舌音樂劇「漢密爾頓」（*Hamilton*）即將在這裡演出。我以為，我們要討論的是藝術在公眾生活的作用。參與討論的有女星安．海瑟薇，還有文化修養很高、精於小丑表演的喜劇演員比爾．歐文等人。這種討論會和華盛頓智庫名嘴的政論節目大異其趣。在後台，討論會開始之前，我們互相打氣，聚在一起，來一個大大的集體擁抱。我們帶著革命情感和使命感邁向舞台。海瑟薇還唱了一首動人的歌曲。工作人員在舞台上擺了面紙，以免有人克制不住淚水。其他參與討論的人也激動起來，熱情的談到自己被某些藝術作品或戲劇打動、改變的神奇時刻。就連我也開始吐露真情！就像我的偶像十八世紀英國作家薩繆爾．約翰遜（Samuel Johnson）所言，這就像看海象滑冰——雖然姿態笨拙，但你還是因為親眼看到這個難得一見的奇景大受感動。這次討論會結束後，我們又集體擁抱，慶祝大功告成。我心想：「太棒了！我以後一定要多跟戲劇界的人來往。」我發誓，我一定要改變自己的人生。

沒錯，一場小組討論會改變了我的人生。

好吧，我不是一下子就脫胎換骨，這是一個漸進的過程。但這麼些年來，我逐漸了解，孤立的生活方式，等於和社會脫節，不只是對人淡漠，甚至也與自己疏離。於是我決定踏上新的旅程。當然，我們當作家的都是在作品中抒發己見，探索自己的內心世界，並公諸於世，因此我寫了一些有關情感、品格和性靈成長的書。結果，成效還算不錯。多年來，我改變了自己。我在與人相處時，比較不會想要隱藏自己的脆弱，也更善於在公開場合表達情感。我希望別人願意跟我說心事——談他們的離婚、吐露對配偶亡故的悲傷，以及對孩子的擔憂。漸漸的，我的內心開始發生變化。我有了這種新奇的經驗：「我胸口刺痛，這是怎麼一回事？噢，這是感覺！」有一天，我在音樂會上跳舞：「哇，這種感覺很棒！」還有一天，我太太出差，我一個人待在家裡：「噢，這種感覺糟透了！」我的人生目標也有了轉變。年少時，我希望自己成為一個知識淵博的人，但隨著年齡增長，我想成為一個有智慧的人。有智慧的人不只能掌握訊息，對他人也有一種同情的理解。他們真的了解人生。

我不是個卓越不凡的人，但我是個成長者。我能正視自己的缺點，然後努力鞭策自己，以成為一個更圓滿、成熟的人。這些年來，我有點進步。等等，我可以證明給你看。我有幸上過兩次歐普拉的談話節目「超級靈魂星期天」（*Super Soul Sunday*），一次在二

○一五年，另一次在二○一九年。第二次錄影結束時，歐普拉走過來跟我說：「我很少看到一個人有這麼大的轉變。以前的你很封閉。」對我來說，這是值得驕傲的一刻。她是歐普拉，所以她有這樣的慧眼。

一路走來，我得到一些深刻的體驗。要成為一個完整、善良、有智慧的人，敞開心扉是先決條件。但這麼做還不夠，還需要社交技巧。我們說，「關係」、「社群」、「友誼」、「人脈」很重要，但這些字詞都太抽象了。真正的行為，比方說，建立友誼或創建社群，都涉及許許多多微小但具體的社會行為：在不破壞關係之下提出反對意見；在適當的時候暴露自己的弱點；做一個用心的傾聽者；知道如何自然、優雅的結束談話；知道如何請求別人的原諒或原諒別人；如何讓人失望而不傷心；如何陪伴痛苦的人；如何在聚會時讓每個人都覺得自己被熱情擁抱；知道如何從別人的角度看問題。

對人類來說，這些都是最重要的技能，我們在學校卻學不到這些東西。關於人生最重要的事，有時我們建立的社會似乎幾乎不教人們要怎麼做。因此，很多人都很孤單，與人沒有深交。這不是因為我們不想要這些東西。在幾乎其他所有的需求中，人最渴望的，就是有另一個人以關愛、尊重和接納的目光，看著自己。然而，我們根本不知道如何給予別人我們渴望的那種深切的關心。我不確定西方社會是否曾擅長教授這樣的技能，但近幾十年來，我們尤其欠缺道德知識。學校和其他機構愈來愈注重專業技能的培養，卻不教學生如何體貼身邊的人。人文學科教我們如何了解別人的思想，但這門學科現在已被邊緣化。如果你把時間花在社交媒體上，其實對這些技能的學習沒有幫助。社交媒體讓你有與人交際、來往的幻覺，但無法真正建立信任、關心和深厚的情誼。在社交媒體，刺激取代了親密。批評謾罵無處不在，相互理解則付之闕如。

在這個漸漸喪失人性的時代，我開始痴迷於社交技巧：如何更為別人著想；如何更了解周遭的人。我相信，我們的生活品質和社會健康，大抵取決於我們在日常生活的細微互動，如何善待彼此。

而這些不同的技能都建立在一項基本技能之上：了解別人遭遇的能力。任何一個健康的個人、家庭、學校、社區組織或社會的核心技能就是：深入了解別人並讓他們感覺自己被看見——精準的認識別人，讓他們覺得自己被尊重、有人願意傾聽自己說話，而且為人所了解。

這是做一個好人最重要的事，你能給他人和自己的終極禮物。

學習洞視他人

人類需要被認可，就像需要食物和水。最殘酷的懲罰莫過於被忽視，被人認為一點也不重要或是被當空氣。蕭伯納（George Bernard Shaw）寫道：「對另一個人，最大的罪惡，不是恨，而是冷漠：冷漠就是視人為無物，沒人性。」這麼做就是說：你不重要，你不存在。

從另一方面來看，如果有人看見你、了解你，你就會覺得充實、滿足。我常常請別人說說他們被看見的故事，他們總是兩眼發光，描述自己人生的關鍵時刻。他們說，有人在他們身上發現了某些天賦，他們卻未曾發覺自己有這樣的才華。他們說，在某個心力交瘁的時刻，有人知道自己到底需要什麼——就在這時伸出援手，減輕他們的負擔。

在過去四年，我下定決心學會這樣的技能：看見別人、理解別人、讓人覺得安全、受到尊重和重視。首先，我想了解、學習這樣的技能是出自實際的考量。如果你無法了解他人，人生的重大決定就容易出錯。如果你想跟某人結婚，不只要知道這個人的長相、興趣、職涯前景，還要了解他童年的痛苦在他成年之後留下什麼樣的印記，以及此人內心深處的渴望是否與你一致。若是你要雇用一個人，你要看到的，除了他履歷表上列出的特質，還得看出他意識中的主觀部分，也就是他們何以能夠努力不懈、臨機應變、在危機中保持冷靜或對同事慷慨大方。如果你想留住這樣的人才，你必須知道如何讓他們感到被賞識。在二〇二一年的一項研究中，麥肯錫管理顧問公司要求經理人詢問員工辭職的原因。[1]大多數經理人原本以為，員工離職是為了更高的薪水，探問之後才發現，最主要的原因和人際關係有關，他們認為自己很努力，但沒得到主管和公司的認可和重視。他們覺得自己沒被看見。

是否能真正洞視一個人非常重要，例如決定跟誰結婚，或是雇用、留住員工。不管你是作育英才的老師、懸壺濟世的醫師、款待賓客的主人、養兒育女的父母，無論你在陪伴友人，或是在一天結束時，看著所愛的人爬上床睡覺，這種能力也非常重要。如果你能從別人和自己的角度看問題，你的人生就會變得更加美好。在未來數十年，ＡＩ可以為我們做很多事，甚至能夠承擔很多原本由人類執行的任務，但有件事是ＡＩ永遠做不到的，也就是建立人與人之間的聯繫。如果你想在ＡＩ時代蓬勃發展，最好特別擅長與人建立連結。

我想學習這項技能的第二個原因與性靈有關。能看見別人、洞視別人，這種行為具有非凡的創造力。除非從別人的心靈映照回來，沒有人能真正欣賞自己的美和長處。被人看見能促進成長。你看見我，照亮我，我就綻放如花。如果你看到我的潛力，我也許會在自己身上看到更大的潛力。你若了解我的脆弱，同情我，儘管人生多災多難，我還是可以生出力量，安然度過人生的風暴。心理學家戴安娜．法夏（Diana Fosha）寫道：「如果一個有愛、敏感、沉著的人能了解你，韌性就會在你心裡生根、茁壯。」[2]從你如何看待我，我學會如何看待自己。

我想學習這種技能的第三個原因，與民族存續有關。在演化的過程中，人類傾向與自己相像的人在一起，以小群隊的方式聚居。然而，到了今天，很多人都居住在無比複雜、多元的社會。在美國、歐洲、印度及其他許許多多的地方，我們正在建立龐大的多元文化民主政體，我們的社會包含來自各種族裔的人，有著不同的意識型態和背景。多元社會想生存下去的話，公民就必須跨越差異，表現出以信任為前提的互相理解——至少他們可以說：「我開始看見你了。當然，我永遠無法完全體驗到你體驗的世界，但我已一點一滴的開始透過你的眼睛看世界。」

目前，對我們身處的多元社會而言，我們的社交技能還不夠。在我的記者生涯採訪的人當中，很多人告訴我，他們覺得自己像是隱形人，得不到尊重：黑人覺得他們每天都必須忍受系統性不平等的戕害，白人卻不了解；鄉下人覺得上流社會的精英對他們根本視若無睹；不同政治立場的人怒目相向，不知道對方到底在想什麼；憂鬱的年輕人覺得父母和其他所有人都對自己有所誤解；特權階級高高在上，飯來張口，無視在家裡各個角落辛苦打掃、滿足他們需求的人；夫妻走到婚姻盡頭時，才恍然大悟，最該了解自己的枕邊人，對自己卻一無所知。我們國家有許多重大問題都源於社會結構的脆弱。如果想修補國家的裂痕，就必須從小地方做起。

削弱者和照亮者

在每個人群當中，都有削弱者（Diminisher）和照亮者（Illuminator）。削弱者善於讓人自慚形穢，覺得自己渺小、沒人看見自己。削弱者認為他人是可以利用的，而不是可以結交的朋友。他們對人抱有成見，視而不見。他們只看到自己、想到自己，別人根本不在他們的雷達屏幕上。

反之，照亮者對他人一直有好奇心。對了解別人這門藝術，他們訓練有素或自學而成。他們知道應該尋找什麼，知道如何在最恰當的時刻提出最好的問題。他們用自己的關懷照亮別人，讓人覺得自己偉大、深刻，受到尊重，也能發光發熱。

我相信你一定有這樣的經驗：你遇見某個人，此人似乎對你非常感興趣，他了解你，幫助你說出或看出自己身上的一些東西，也許在此之前，這一直是不可言喻的。於是，你成為一個更好的人。

小說家佛斯特（E. M. Forster）的傳記作家寫道：「跟他交談，你會發現一種特別的吸引力，彷彿他不是最有魅力的人，你才是。你感覺到他全神貫注的聽你說話，因此你必須呈現最真誠、最敏銳的一面，呈現最好的自己。」[3]試想，如果能成為這樣的人，該有多好。

也許你聽過珍妮．傑洛姆（Jennie Jerome）的一則軼事。她是英國首相邱吉爾的母親。據說她年輕時，曾與英國政治家威廉．葛萊德史東（William Gladstone）共進晚餐，離開時，她認為葛萊德史東是全英國最聰明的人。後來，她和葛萊德史東的死對頭班傑明．迪斯雷利（Benjamin Disraeli）聚餐，離開時，她認為自己是全英國最聰明的人。能當葛萊德史東固然不錯，但是能像迪斯雷利更是難得。

又如貝爾實驗室的故事。[4]多年前，貝爾實驗室的主管發覺有些研究人員更有創造力，也拿到了更多專利。這些主管納悶：為什麼會這樣？他們想知道這些研究人員為何如此特別。他們探索每一種可能──教育背景、職位等等──但一無所獲。然後，他注意到一個怪現象。表現最傑出的研究人員都習慣和一個名叫哈利．奈奎斯特（Harry Nyquist）的電子工程師一起吃早餐或午餐。奈奎斯特是通訊理論的重要貢獻者。那些研究人員說，他會用心傾聽他們碰到的挑戰，深入他們的內心世界，提出好問題，並激發他們的潛能。換言之，奈奎斯特就是照亮者。

所以，你大抵而言是什麼樣的人，是削弱者，還是照亮者？你多會看人？

我也許不認識你，但我有把握這麼說：你沒有自己想的那麼厲害。在這個社會裡，我們每天在無知的海洋載浮載沉。

威廉．艾克斯（William Ickes）是研究人們感知他人想法正確性的頂尖學者。他發現，陌生人在初次交談時，大約只有百分之二十的時間能正確解讀對方是怎麼想的，[5]而親近的朋友和家人在溝通時，也只有百分之三十五的時間能正確感知另一個人的想法。艾克斯以0到100分給研究受試者打分數，衡量其同理心準確度（empathic accuracy），[6]發現受試者之間有很大的差異。有些人的得分是零分。他們與剛認識的人交談時，完全不知道對方在想什麼。還有一些人很會解讀他人，得分為55分左右。[7]（問題是，有些得分很低的人，認為自己和那些分數高的人一樣好，能準確解讀別人的想法。）耐人尋味的是，艾克斯發現，很多夫妻結婚愈久，愈難正確解讀對方的想法。[8]在他們的心目中，配偶一直是跟以前一樣，但時間久了之後，對方的感覺和思想已有很大的轉變——這就是為何他們覺得對方愈來愈難捉摸。

不看學術研究，你也知道這是事實。在生活中，你是否常常感覺到自己被貼上刻板印象的標籤，或是被歸類為某一型？你是否常常覺得別人用先入為主的看法來評判你，對你視若無睹、聽若無聞，或是被誤解。你真的認為自己不會這樣對待別人？

踏上了解他人的旅程

本書目的就在幫助你精熟觀察別人的藝術，掌握看人的竅門，讓人覺得自己被看見、被聽見，以及被了解。我開始研究這個主題時，根本不知道這種技能包括哪些技巧。但我的確知道，在很多領域，真正傑出的人都曾自學這樣的技能。受過訓練的心理學家，可以看出一個人為了抵禦內心深處的恐懼而建立的防禦機制。演員知道一個角色的核心特質，教自己融入這個角色。傳記作家會注意到一個人身上的矛盾，看到一個完整的人生。教師可看出學生的潛力。老練的脫口秀演員或播客主持人能讓人敞開心扉，呈現最真實的自我。有很多職業要做的，就是觀察、預測和了解他人：護理人員、神職人員、社工、行銷人員、記者、編輯、人力資源人員等。我的目標就是蒐集分散在這些行業的知識，然後整合成一種實用的方法。

於是，我踏上一條新的旅程，目的地是更深入的了解別人。這是一條非常漫長的路。我漸漸明白，要深入了解別人，不是學會一套技巧就行了，這是一種生活方式。就像上過表演學校的演員：一旦站上舞台，就不會去想學校教的技巧。他們已把所有的技巧內化，成為自身的一部分。我希望這本書能幫助你用不同的姿態對待別人，用不同的方式與人相處，以及用不同的方式進行比較重要的對話。用這種方式生活，能使你獲得最深刻的喜悅。

不久前，有一天我在家裡的餐桌前讀一本枯燥乏味的書，一抬頭，看到我太太就站在家前門入口。門是開著的。午後陽光灑在她的周圍。她的心思在別的地方，眼睛卻盯著玄關桌上的一盆白蘭花。

這一刻，我屏氣凝神看著她，一種奇異而美妙的想法在我腦海中蕩漾：我心想，我了解她。「我真的了解她，我能完全看透她的心思。」

如果你問我，在那一刻，我對她的了解究竟是什麼，我也許答不上來。我所謂的了解，不只是對她瞭如指掌，知道她的人生故事，也不是我向陌生人描述的她。我對她的了解是指能完全感知她的存在——她燦爛的笑容、內心不安的暗流、偶爾顯露的強悍、精神抖擻。她是一首歌，歌裡有昂揚的旋律與和諧的樂音。

我看到的不是她的片段，也不是想起過去的一些事。我看到的，或者說我覺得自己看到的，是她的全部。她的意識如何創造出她的現實。這就是你和某個人相處一段時間，同甘共苦，最後慢慢有了直覺，知道這個人會有什麼樣的感覺和反應。準確的說，在那神奇的一刻，我不是在看她，而是透過她，看到外面的世界。也許要真正了解一個人，你必須稍稍知道這個人對這個世界的感知與體驗。要真正了解一個人，你必須知道這個人會如何了解你。

在那一刻，就我當時的心理過程，我想到唯一能概括的字詞就是「凝望」。她站在門口，陽光從她背後灑下來，而我正凝望著她。有人說，世間沒有普通人。當你凝望一個人，你看到這個人意識的包羅萬象、豐富多采，你聽到一首完整的交響曲——你知道此人如何感知、創造自己的人生。

不用我多說，你也知道那一刻多令人陶醉——溫暖、親密、深刻。這是人與人連結的幸福。臨床心理學家瑪麗．派佛（Mary Pipher）曾對我說：「很多傑出的作家和思想家不解，人為什麼會這麼做或那麼做。設法了解別人，陪伴在他們身旁，跟他們一起度過風風雨雨——在這個世界上，這才是最重要的事。」

02 視而不見

一個人可能很愛你，卻不了解你。看到你，卻沒真正看見你。

幾年前，我住在華盛頓特區，某天晚上去我家附近的一家酒吧。如果那時你剛好也在那裡，也許會看著我，心想：「這傢伙真可憐，喝酒沒人陪。」但我會說，我可是「正在記錄人類現況的勤奮學者」。我一邊啜飲波本威士忌，一邊打量周圍的人。因為這是華盛頓特區的酒吧，坐在我後方桌子的三個人正在談論大選和搖擺州。他們隔壁的年輕人把筆電放在桌上，看起來就像為國防承包商工作的初級ＩＴ人員。這傢伙的衣服八成來自獨立電影「拿破崙炸藥」（*Napoleon Dynamite*）上映後的車庫拍賣。在吧台的另一頭，一對夫妻眼睛黏在自己的手機上。坐在我隔壁的男女，顯然是初次約會，男的喋喋不休在講自己的事，一邊盯著約會對象頭頂上方六呎的地方。他叨叨絮絮的講了十分鐘之後，我發覺那個女生在默默祈禱，希望自己能自燃，這次約會就可以結束了。我突然有股衝動，想抓住那個男人的鼻子，對他吼叫：「看在上帝的分上，你就問她一個問題吧！」我認為我的衝動是有道理的，但這不是值得驕傲的事。

總之，這裡的每一個人都睜大了眼睛，但是似乎誰也不看誰。所有的人都表現得像是削弱者，只是各有不同的方式。其實，我可說是最糟的一個，因為我正在做一件事：打量。所謂「打量」，是你跟某個人初次見面時會做的事：你打量他們的長相，隨即下判斷。我盯著酒保身上的漢字刺青，從她常播放的悲傷情歌和獨立搖滾得出種種結論。我曾以此為生。二十幾年前，我寫過一本書，書名是《BOBO 族：新社會精英的崛起》（*Bobos in Paradise*）。為那本書做研究時，我曾尾隨別人進入 Anthropologie 之類的服飾及家居用品店。我偷看他們觸摸、翻看祕魯羊毛披肩。我還會去參觀別人家的廚房，發現瑞典 Aga 鑄鐵爐具看起來就像鍍鎳的核反應爐，旁邊是一台巨大的 Sub-Zero 冰箱。Sub-

Zero是零度以下的意思，顯然攝氏零度還不夠冷。我會做一些概括性的推論或歸納，思考文化趨勢。

削弱者的伎倆

那本書是我的得意之作。現在，我給自己一個更大的任務。我已厭倦綜合概括某些群體。我想深入了解每一個個體。你會想，這不是很容易嗎？你睜大眼睛，把目光投射過去，不就看到了？然而，大多數的人因為與生俱來的好惡，而無法精確感知別人的思想和感覺。這種在瞬間打量、評估並做出判斷的傾向，只是削弱者許多伎倆中的一個。其他伎倆如下：

自我中心。我們看不到別人，往往是因為太自我中心。我看不見你，因為我只想到自己。我要對你說我的意見。我這個故事太有趣了，你一定得聽我說。很多人無法跳出自己的觀點。他們只是對其他人不好奇。

焦慮。我們看不到別人的第二個原因，是自己腦袋裡有太多雜音，聽不見別人腦袋裡的聲音。我的表現如何？我覺得這個人並不喜歡我。接下來我要說什麼，別人才會為我的聰明才智折服？恐懼是坦誠交流的大敵。

無知的現實主義。這是一種假設，認為自己眼中的世界是客觀的，因此別人看到的，應該跟你完全一樣。無知的現實主義者會固守自己的觀點，無法理解別人會有截然不同的觀點。你也許聽過下面這個古老的故事：一個男人在河邊，站在對岸的女人對他喊叫：「我要怎樣才能到河的對岸？」男人吼道：「你已經在對岸了！」

自命不凡。芝加哥大學心理學家尼可拉斯・艾普利（Nicholas Epley）指出，在日常生活中，我們知道自己腦中湧現的許多想法，但別人腦袋裡的想法，除了他們說出來的一小部分，我們都不得而知。因此，我們會認為自己比別人更複雜——更深刻、更有趣、更微妙，也更高尚。為了說明這種現象，艾普利在商學院的課堂上問學生，為什麼他們想走這一行。[1]大多數的學生都說：「因為我想做有價值的事。」但是艾普利再問他們，其他學生為什麼從商，答案大都是：「為了賺錢。」你知道的，別人的動機總是不像我那麼崇高……聰明才智也不如我。

客觀主義。這是市調人員、民意調查機構、社會科學家的工作。他們觀察人們的行為、設計問卷、蒐集數據。這些了解民心和社會趨勢的上上策，對個體的觀察而言，卻是最等而下之的做法。如果你採取這種超然、冷靜和客觀的立場，就很難看到個體最重要的部分，看不到此人獨特的主觀性——包括這個人的想像力、情感、欲望、創造力、直覺、信仰、情緒和依戀——也就無從洞悉他的內心世界。

我這一生讀了好幾百本研究人性的書，獲益良多，也讀過數百本回憶錄、與數千人談過他們的人生。心得是，每個人的人生都令人驚奇、無可預測，不是學者和社會學家能夠概括的。如果你想了解人性，就必須把焦點放在個體的思想和情感，而不只是群體的數據。

本質主義。人們屬於不同的群體，因此我們傾向對他人做出概括性的陳述或推斷：德國人一板一眼，加州人悠閒自在。儘管這種概括性的說法有時在現實中有一定的根據，但都是謬誤，而且或多或少都是有害的。但本質主義者不了解這點，動不動就會利用刻板印象來為人分類。他們相信某些群體確實具有某種「本質」，而且永遠不會改變。本質主義者認為同一個群體的人都很像，且認為其他群體的人跟「我們」的差異很大。其實不然。本質主義者會犯「堆疊」的錯誤，也就是對某人有了一點了解之後，就對這個人做出一連串的假設。比方說，某人支持川普，就會認為這個人必然是這樣、這樣、這樣和這樣。

停滯心態。有些人對你有了某種看法，這種看法在某個時間點甚至基本上是正確的。但你後來成長，你出現脫胎換骨的轉變。只是那些人未曾改變他們對你的看法。例如你是成年人，已離家一段時間，然後回到家，發現父母依然把你當成小孩，而你早已長大，不再是那個孩子。這就是你父母的「停滯心態」。

看不見彼此

在此，我指出削弱者的傾向，是為了強調看清一個人是所有難題當中最難的。每個人都是一道深不可測的謎，你只能從外面看他們。我想說的第二點是「看」需要訓練和技巧，光「看」是不夠的。如果你沒上過飛行學校，沒受過飛行訓練，怎麼可能開飛機？要看清一個人，甚至更難。如果你我都沒經過訓練，看到一個人就只是看到一個人在那裡，看到那人的外貌，無法洞悉那個人的內心。如此一來，我們的生活將充斥對社會的無知、陷入彼此目盲的關係。我們以情感的創傷者自居，在這世上有千百萬個這樣的人：夫妻各過各的，父母和子女形同陌路，而同一個辦公室的同事有如活在不同的星系。

說來可悲，不了解身邊的人是很容易的事。在閱讀本書時，你會發現，我喜歡用實例來解說，因此我將以一個案例來說明，何以你自以為很了解一個人，其實並沒有真正的了解。我要說的例子，來自薇薇安．戈尼克（Vivian Gornick）在一九八七年出版的經典之作，也就是她的回憶錄《激烈依附》（*Fierce Attachments*）。薇薇安十三歲時，她的父親因心肌梗塞，一命嗚呼。於是，她的母親貝絲在四十六歲這年，成了寡婦。貝絲本來和丈夫、女兒住在布朗克斯工人階級公寓，婚姻幸福、美滿，然而丈夫撒手人寰，她的世界也跟著分崩離析。在殯儀館時，她試圖爬進棺材，跟丈夫躺在一起。到了墓地，她還想跳進墓坑。接下來，有好幾年時間，她常因悲傷過度而精神錯亂，突然在地上翻滾，青筋暴露，渾身是汗。

戈尼克在那本回憶錄中寫道：「我母親的悲傷是原始的，像洪水席捲一切，而且把空氣中的氧都吸走了。」她母親的悲傷吞噬了其他人的悲傷，使全世界的注意力聚焦在她身上，她是悲劇女主角，女兒則淪為道具。她怕一個人睡，就把薇薇安拉到身邊。薇薇安討厭母親這麼做，只好直挺挺的躺在床上，就像一根花崗岩柱子。今生今世，一直是如此。「她強迫我跟她睡了一年，之後的二十年，任何一個女人的手碰到我，我都無法忍受。」

有一段時間，貝絲似乎會悲傷至死，然而她沒死，悲傷成了她的生活方式。「守寡使媽媽存在於更崇高的境界，」戈尼克寫道。「她拒絕節哀順變，不肯走出悲傷，發現自己的人生因而有了重大意義，這是過去在廚房忙進忙出得不到的……哀悼爸爸成了她的工作、她的身分和她的角色。」[2]

成年後的薇薇安，一直想獨立，脫離她那掌控欲強、不好相處的母親，想要破解母親施加在她身上的魔咒。但她總是被母親拉回去。這對母女會在紐約街道散步，走很長的路。兩人都愛批評、脾氣火爆、不把人看在眼裡。她們是親密的對手，而且都一肚子火。「我跟我媽的關係不好。隨著年歲漸長，更變本加厲，」薇薇安寫道。「我們被困在一起，被這母女關係綑綁到喘不過氣來。」[3]在薇薇安的回憶錄中，兩人的隔閡部分來自她們帶給彼此的傷害。「她的憤怒讓她燃燒——這正是我樂見的。為什麼不？我自己也在燃燒。」這對母女的衝突也來自代溝。貝絲是上個世紀四、五〇年代的城市工人階級女性，會從那個角度看世界。薇薇安則是六、七〇年代的記者、學者，看世界的角度自然和母親不同。薇薇安認為，她母親那一代的女人應該更努力反抗周遭的性別歧視，但貝絲則認為薇薇安這一代的女人不知道什麼是高貴。

一天，兩人走在街上，貝絲突然說：「這個世界有一大堆瘋子。大家都要離婚……你們這一代人到底是怎麼回事！」

薇薇安回擊說：「媽，別說了。我不想聽這些廢話。」

「你說是廢話，但這也是實話。不管我們做了什麼，我們不會像你們這樣子。我們有秩序、安靜、尊嚴。家庭和睦，人人過著體面的生活。」

「胡扯，」薇薇安反駁道。「那不是體面生活，是假面生活。」

她們最後總算有了共識，同意兩代人同樣不幸福，但貝絲說：「不幸在今天特別鮮明活生。」[4]此言一出，兩人都愣住了。這倒是真的。薇薇安沒想到母親也能說出這樣的至理名言，在那一瞬間，不禁為母親感到驕傲，幾乎覺得母親可愛了。

然而，薇薇安仍在努力爭取母親的認可，希望母親能了解她對自己女兒的影響。「她不知道她的焦慮會傳染給我，她的沮喪會讓我溺斃。她怎會曉得？她甚至不知道我的存在。如果我告訴她，我明明在她眼前，但她把我當空氣，對我來說，我就跟死了沒什麼兩樣。她聽了之後，會瞪大眼睛、大惑不解的看著我。這個七十七歲的老太婆像小女孩，憤怒的吼叫：『你不懂！你一直都不懂！』」[5]

貝絲八十歲時，似乎她和薇薇安都意識到死亡正在逼近，因此母女關係略見緩和。貝絲甚至表現出一點自知之明：「我只擁有你父親對我的愛。那是我生命中唯一甜美的東西。所以，我愛他的愛。除此之外，我還能做什麼呢？」[6]

薇薇安非常憤怒。她提醒母親，父親去世時，她才四十六歲，原本還有第二人生。

「你為什麼還不走？」貝絲咆哮。「為什麼你不離開我？我不會阻止你。」

只是她們的依附過於緊密，已難分難解。薇薇安的回應是這本書的最後一句話：

「媽，我知道，你不會的。」

《激烈依附》描述看到但沒真正看見的問題，精闢入骨。我們看到兩個聰慧、有活力、語言表達能力很強的女人。她們這輩子不斷的在對話，卻始終無法了解對方。戈尼克的回憶錄會成為經典之作，因為這本書描述我們為一個人犧牲奉獻，知道他很多的事情，還是可能無法真正看見他。一個人可能很愛你，卻不了解你。

薇薇安和她母親看不見對方，一個原因是她們只注意到對方對自己的影響。這對母女老是在唇槍舌戰，為了責任該歸咎於誰爭吵不休。貝絲自己是個問題。她太沉溺於自己的悲傷，不曾從女兒的角度來看，甚至沒注意到自己對女兒的影響。但薇薇安也有問題。她寫這本回憶錄的初衷，是想創造一種終於能對抗母親的聲音，並找到脫離母親的辦法。但薇薇安一心一意想要掙脫，從未真正問過這些問題：貝絲除了是我的母親，她究竟是怎麼樣的人？她的童年如何？她的父母是誰？我們從來就不知道貝絲如何體驗這個世界，也不曉得除了她和女兒的關係，她可能是怎麼樣的人。其實，這對母女都忙著為自己辯解，無法從對方的角度看問題。

薇薇安書裡有句話，一直縈繞在我心頭：「她甚至不知道我在那裡。」她自己的母親不曉得她就在那裡。不知多少人也有這種感覺？

但是照亮者能看到一個人的全部。這不是自然發生的事。這是一種技藝、一套技能，

一種生活方式。其他文化有語詞可表達這種方式。韓文中的「눈치（眼力／眼勢）」，讀音為「nun-chi」，就是指敏於察覺別人的情緒和想法，亦即懂得察言觀色。當然，德國人也有這樣的語彙：*herzensbildung*，意指洞視他人的心靈修練。

這種技能到底是什麼？且讓我們一步步的來探究。

03 照亮者

一個散發光和熱的人，不管遇見什麼人，都能讓人展現光亮耀眼的一面。

幾年前，我去了德州韋科（Waco），想在當地尋找「編織者」（Weaver），並採訪他們。所謂的「編織者」，是把城鎮和鄰里相連、促進公民生活的社區營造者。要找到這樣的人並不難。你到了一個地方，只要問當地居民：「在這裡，誰值得信賴？誰是讓這個地方動起來的人？」他們就會說誰值得敬佩，因為這些人是社區的支柱，為社區奉獻。

在韋科，很多人告訴我，有位高齡九十三歲、名叫拉魯．朵西（LaRue Dorsey）的黑人老太太是他們景仰的人。於是，我跟她聯絡，相約在一家餐館一起吃早餐。她過去一直在韋科當老師，作育英才數十年。我問起她的生活以及她所在的社區。

每個記者都有自己的採訪風格。有些記者是引誘者，他們對你展現溫暖和讚許，吸引你提供訊息。有些則是交易者，在心照不宣之下交換訊息：如果你告訴我這個，我就向你透露那個。還有一些記者就是討人喜歡，個性像磁鐵一樣吸引人（我的朋友麥可．路易士〔Michael Lewis〕為什麼能寫出那麼多好書？我的理論是，因為他太討人喜歡，人們為了跟他打交道，什麼都願意透露）。而身為採訪者的我，就像個學生，認真、恭敬，並保持有禮貌的距離。我請別人教我東西。一般而言，我會盡量避免涉及個人隱私或情感方面的話題。

那天早上，我和朵西女士一起吃早餐時，她看來就像是個嚴厲的教官。她希望我明白，她是個強悍、有原則的人，很多事情都是她說了算。她對我說：「我很愛我的學生，因此足以好好管教他們。」聽她這麼一說，我不由得有點戒慎恐懼。

吃到一半，吉米．多瑞爾（Jimmy Dorrell）走進來。我和朵西女士都認識他。吉米是白人，六十幾歲，看起來像泰迪熊。他在高架道路下方為遊民建造了一個教會，他住家旁邊的遊民收容所也是他管理的。他常為窮人奔走、服務。多年來，他和朵西女士共同為了實現多個社區計畫而努力。

他朝著朵西女士走來，來到我們桌前，露出人類所能展現的最燦爛笑容，然後抓著她的肩膀，猛然搖晃——一個九十三歲的老人怎禁得起這樣搖晃！他傾身湊近她，離她的臉只有幾吋，用洪亮的聲音對她說：「朵西女士！朵西女士！你最棒！你最棒了！我愛你！我好愛你喔！」

突然間，朵西女士就像變了一個人。我從未看過如此神奇的轉變。在那一瞬間，她那張蒼老、嚴肅的臉消失了，我看到一個雀躍、欣喜的九歲小女孩。在吉米透過注意力的投射下，召喚出一個截然不同的她。吉米就是照亮者。

最初的凝視

就在這一刻，我充分感受到注意力的力量。每個人都以獨特的方式出現在這個世界上，我們的體態和心靈為我們如何與人互動設定基調。有人熱情洋溢的走進來，讓人覺得溫暖、親切；有人走進來時，看起來冷漠、封閉。有些人與他人初次見面時，眼神滿是慷慨和關愛；還有些人則會對人投以拘謹、冷漠的目光。

這種凝視，這種最初投射的目光，代表一種面對世界的姿態。如果你在找尋美，可能就會發現奇蹟。如果你在找尋威脅，就會發現危險。一個散發光和熱的人，不管遇見什麼人，都能讓人展現光亮耀眼的一面，而一個拘謹的人遇見同樣的人，則會發現他們呆板、淡漠。精神科醫師伊恩·麥克里斯特（Iain McGilchrist）寫道：「注意力是一種道德行為：能創造東西，使事物的層面得以顯現。」[1]你的生活品質取決於你投射到這個世界的注意力。

上述提到這則韋科的故事，寓意就是你應該要多注意像吉米這樣的人，而不是像我這樣的人。

現在，你也許認為這種比較是不公平的。吉米是認識朵西多年的老友，當然跟她很熟，而我才剛認識她。吉米性格豪爽，如果我像他那樣跟人打招呼，別人必然會覺得很假。那不是我。

但是我想表達的，是更深刻的東西。吉米跟人打招呼的時候，他的凝視來自他對人的某種概念。吉米是牧師。他看到一個人——任何一個人——他看到的都是依照上帝的形象所創造出來的人。在他看著每張臉孔時，至少從中能看到一點上帝的臉。吉米看到一個人，任何一個人，他也看到了一個被賦予不朽靈魂的生物——一個具有無限價值和尊嚴的靈魂。吉米跟人打招呼時，也在履行一個信仰的偉大志業：試圖以耶穌的眼光來看這個人。他用耶穌之眼來看他們——這樣的眼睛，把愛灑向溫順和卑微的人、被邊緣化的人、痛苦的人，以及每一個活生生的人。吉米看到一個人的時候，他相信這個人是如此重要，乃至於耶穌願意為他而死。因此，吉米以尊重和崇敬的心來問候別人。他總是這樣跟我打招呼。

好，你可能是無神論者、不可知論者、基督徒、猶太人、穆斯林、佛教徒，或是抱持其他信仰的人，但這種尊重和崇敬的姿態，以及了解你遇見的每個人都具有無限尊嚴，就是洞視他人的先決條件。你也許不信上帝，認為關於上帝的一切都很荒謬，但我請你相信靈魂。也許你只是跟別人在聊天氣，但我請你假設你眼前的這個人包含自己的某些部分，這些部分沒有重量、大小，無形也無色，卻賦予他們無限的價值和尊嚴。如果你認為每個人都有靈魂，就會意識到每個人內心都有超然的火花。你會發現，在最深的層次上，所有人都是平等的。我們的力量、智慧和財富並不相同，但從靈魂的層面來看，我們都是一樣的，沒有高貴和低下之分。若是你遇見的每一個人，在你眼裡都是寶貴的靈魂，你就會好好對待他們。

如果你能用這樣的目光注視別人，就不只在觀察、審視他們，而是用溫暖、尊重、讚許看他們。你的凝視告訴他們：「在你信任我之前，我會先信任你。」做一個照亮者是與人相處的一種方式，一種存在的風格，一種道德理想。

在你刻意練習當一個照亮者時，你的目光會傳遞這樣的訊息：「我想了解你，並被你了解。」我們在遇見一個人時，總會不自覺的問自己：「你會把我當人看嗎？你在乎我嗎？在你眼裡，我重要嗎？」照亮者還沒開口，他的目光已給你正面的答案。這是一種散發著尊重的目光。這種目光告訴別人，我遇見的每個人都是獨一無二、不會重複，是的，在某些方面也比我優秀的人。我遇見的每個人，在某些方面都有令人驚奇的表現。如果我以這種尊重的方式接近你，我就知道你不是個可以找到解答的題目，而是一道深不可測的謎。我會尊重你，不去評判你，讓你保持原來的樣子，做你自己。尊重是你用眼睛獻上的禮物。

照亮者的目光

在上一章，我舉出一些讓人看不到他人的障礙：自我中心、焦慮、客觀主義、本質主義等。在本章，我將列舉照亮者目光的幾個特點：

溫柔。如果你想看看照亮者的典範，看看美國兒童節目之父羅傑斯先生（Mister Rogers）是怎麼與孩子互動的。看看美國體育喜劇影集「泰德・拉索」（*Ted Lasso*）中的教練泰德怎麼看自己隊上的球員。看看十七世紀的畫家林布蘭如何描繪人的臉孔。如果你看著林布蘭的肖像畫，你不只看到畫中人的疣和傷痕，你也能窺視他們的內心深處，看到他們的內在尊嚴，以及複雜無比的內心世界。小說家弗雷德瑞克・畢克納（Frederick Buechner）指出，林布蘭肖像畫中的人並非都是權貴之士，他也為一般老人或老太太作畫——你如果在街上和這樣的人擦肩而過，恐怕不會多看一眼。即使普普通通的一張臉孔，「林布蘭的描繪讓人眼睛為之一亮，得以看出非凡之處。」[2]

小說家奧爾嘉・朵卡萩（Olga Tokarczuk）在二〇一八年摘下諾貝爾文學獎桂冠，她在獲獎演說中說道：「溫柔是對另一個生命深深的關懷。因為溫柔，我們才能感知人與人之間的羈絆，了解彼此之間的相似與相同。」又說：「文學就是建立在對我們自身之外所有生靈的溫柔之上。」觀看也是如此。

接受。接受意味克服不安全感，願意踏出自己的世界，敞開心扉汲取他人經驗。這也代表你必須壓抑投射自己觀點的衝動。你不必問別人：「如果我站在你的角度，我會有什麼感覺？」反之，你要做的是，耐心等別人開口說。正如神學家羅雲・威廉斯（Rowan Williams）所言，我們希望自己的心靈能夠既鬆弛又專注，我們的感官放鬆、開放、敏銳，眼神溫柔、平靜。

強烈的好奇心。你要有一顆探險家的心。小說家莎娣・史密斯（Zadie Smith）曾說，她還是個小女孩時，經常想像在朋友家裡長大會是什麼樣子。「我幾乎每次去朋友家，都會好奇，如果我去了之後，永遠不離開，將會如何，」她寫道。「也就是說，我想知道當波蘭人、迦納人、愛爾蘭人、孟加拉人，當富人或窮人，說這些禱詞或擁有那些政治立場，會過著什麼樣的生活。我是對所有人一視同仁的偷窺者。我想知道每個人的生活經歷和感受。最重要的是，我想知道，相信那些我不相信的東西，會是什麼樣子。」[3] 觀察別人是訓練自己想像力的絕佳方式。

愛。我們這些啟蒙之子活在一種理智與情感分離的文化當中。對我們而言，「認識」是一種心智活動。我們想「認識」或「知道」某件事，就會研究、蒐集相關數據、進行剖析。

但是很多文化和傳統未曾認同這種把理智與情感分割的無稽之談，因此從未認為「認識」是一種只存在於大腦的無形活動。在《聖經》世界裡，「認識」是一種整體經驗，[4] 包含研究、深入的親密關係（如夫妻的結為一體）、關心、與人訂立盟約、熟悉、知道一個人的名聲。上帝被描述為完美的全知者，能洞悉萬事萬物，不只是以科學家的客觀之眼觀察，也用完美的愛、充滿恩典的目光來看。

《聖經》人物的優劣，端賴他們能否模仿這種愛的目光。他們在認識的戲碼常表現得令人汗顏。在好撒馬利亞人的寓言裡，一個猶太人被毆打成重傷，奄奄一息的倒在路邊。

至少有兩個猶太人從他身邊走過，走到對街，其中一個是祭司，卻沒有伸出援手。這兩個猶太人純粹用理智看這個人。只有撒馬利亞人，一個來自外邦、被人憎恨的人，真正看見這個人。只有撒馬利亞人走進這個傷者的境遇，設法幫助他。在這些《聖經》中的例子，有人對他人視而不見，這不是智力的問題，是鐵石心腸，是無情。

慷慨。神經科醫師路德維希．古特曼（Ludwig Guttmann）是德國猶太人，一九三九年逃離納粹德國，在英國一家醫院工作。他照顧的癱瘓病人多半是在戰爭中受傷的。他剛來到這家醫院時，發現院方給這些病人注射大量的鎮靜劑，讓他們一直躺在床上。然而，古特曼醫師不像其他醫師那樣看待這些病人。他減少鎮靜劑的用量，強迫病人下床，扔球給他們，想辦法讓他們多動。結果，他因此被同事公審，質疑他的方法不對。

「這些都是垂死的殘廢之人，」一位同事說。「你認為他們是什麼樣的人？」

「他們是非凡之人。」古特曼答道。

古特曼醫師那慷慨的心靈，改變了他對這些病人的定義。他持續組織運動賽事，一開始是在醫院，之後擴大到全國，到了一九六〇年更成為帕拉林匹克運動會，是為身心障礙者舉辦的國際體育賽事。

全人觀點。如果你沒看到一個人的全貌，只看到他的一部分，必然會錯看。有些醫師只看到病人的身體，因此錯看病人，造成誤診。有些雇主只看到員工的生產效能，看不到他們的其他面向。我們必須抗拒這種簡化的衝動。有人曾問為畢卡索立傳的藝術史家約翰・理查森（John Richardson）這麼一個問題：畢卡索是不是一個厭惡女人的壞人？他如實呈現傳主矛盾的特質，不讓他被過度簡化。「胡扯，」他答道。「不管你們怎麼說他，你們說他是個卑鄙的混蛋，但他也是個像天使的人，有同情心、溫柔體貼。你們說他吝嗇，不過他也是非常慷慨的人。你們說他非常波希米亞，但他也有像中產階級、嚴謹的一面。我的意思是，他是一個矛盾的綜合體。」[5]每個人都是如此。

偉大的俄國小說家托爾斯泰曾經寫道：

最常見且大多數的人都接受的一種錯覺是，每個人都可以用某種方式來界定——比方說善良、邪惡、愚蠢、精力充沛、冷漠無情等。其實，人不是這樣的。我們可以說，一個人善良的時候多於殘酷的時候，聰明的時候多於愚蠢的時候，精力充沛的時候多於無動於衷的時候，反之亦然。但是，說一個人善良或聰明，說另一個人邪惡或愚蠢，絕對是錯的。然而，我們總是這樣為人類分類。這是不對的。人就像河流。所有河流的水都是一樣的，但每條河流都有狹窄段落，也有湍急之處；這裡寬廣，那裡靜止，或清澈，或冰冷，或渾濁，或溫暖。人也是如此。每個人身上都有各種潛在的特質，有時表現出一種，有時則顯現另一種，因為時常改變，也就不像原來的自己，但仍是同一個人。[6]

在觀看中成長

成為照亮者是一種理想，大多數的人多半達不到這種理想。然而，如果我們能盡量用溫柔、大方、接納的目光照亮別人，至少是往對的方向走。我們將能超越因為懶惰而強加在別人身上的刻板印象：溺愛孫子的祖母、嚴厲的教練、充滿幹勁的商人。如此一來，我們也就能漸漸改善在這世界呈現的自己。

「每一種認識論都將成為一種倫理，」教育家帕克．巴默爾（Parker J. Palmer）指出。「我們的知識型態會成為我們的生活型態；認識者與被認識者的關係，變成活著的自我與廣闊的世界的關係。」[7]巴默爾的意思是，我們關注他人的方式，決定我們成為什麼樣的人。如果我們用寬厚的眼光看人，我們就會變得寬厚，若是冷漠的看著別人，自己也就會變得冷漠。巴默爾所言是真知灼見，因為他為一個古老的問題提供了一個現代的答案：如何才能成為一個更好的人？

幾個世紀以來，男作家和男哲學家——如康德——建立了龐大的道德體系，把道德生活描繪成無私、理性的個人，依循抽象原則行事：始終尊重別人，把人當成目的本身，而非達成其他目的的手段。我想，強調抽象的普遍原則固然沒錯，但這樣會把個人和脈絡抽離，不是關於一個獨一無二的人應該如何與另一個獨一無二的人互動。有如這些哲學家對連貫的抽象原則與在哲學上堅不可摧的體系極感興趣，因此開始害怕某些人——像我們這樣混亂的人以及我們遭遇的混亂處境，也就是日常生存的總合和實質。

二十世紀下半，英國哲學家、小說家艾瑞斯．梅鐸（Iris Murdoch）給我們另一種視角。她認為，道德大抵不是抽象、放諸四海皆準的原則，甚至不是在關鍵時刻做出重大的道德決定。如碰到這樣的問題：看到詐欺、舞弊的事，我該舉發嗎？道德主要關於你如何注意、關心他人。道德行為會在一天中不斷發生，即使是在日常生活看似平淡無奇的時時刻刻。[8]

對梅鐸來說，歸根結柢，不道德的行為就是不能正確的看人。[9]她發現，人類都很自我中心、充滿焦慮和怨恨。我們經常為了滿足自我和自身利益，而把他人塑造成我們期望的樣子。我們會把人刻板化，對人鄙夷不屑，目中無人，不把人當人。因為我們不能正確的看人，所以會用錯誤的方式對待人。唯我獨尊，目空一切，忽視另一個人的人格，邪惡就會滋生。

反之，梅鐸認為，最基本的道德行為，就是對他人投以「公正和關愛」的目光。[10]她寫道：「愛就是對一個人的了解。」這不是指愛上你遇見的每一個人，為他們神魂顛倒。這是指一個好人會用耐心和敏銳的洞察力看每一個人，抑制自我中心，克服偏見，才能用更好的眼力、更深入的看另一個人。良善之人會用無私的眼光看他人，也能看到他人看到的一切。這種關注會使一些微不足道的小事變得偉大：歡迎新人來到你工作的地方、聽出別人聲音中的焦慮並關心的問他怎麼了、宴請賓客時不讓任何人覺得被冷落。常常，道德就是在複雜的生活環境之中體諒他人的技巧。這是一種近距離接觸的天賦。

但是這種關注還有更深刻的含義。用宏偉的老式語言來說，這種關注讓你成為更好的人。梅鐸在她著名的演講〈至高的善〉（The Sovereignty of Good over Other Concepts）中提到，有一個婆婆叫作M，蔑視她的媳婦D。這個婆婆表面上對D客客氣氣，卻打從心底瞧不起她。

但M有自知之明，也許她有一點優越感、傳統、老派，甚至發覺自己或許在跟D競爭，爭奪兒子的時間和感情。或許，她發現自己用不屑的眼光看媳婦。有一天，為了顯現自己明智的善心和道德的自我提升，她決定用不同的眼光來看D。過去，她認為D很「粗俗」，在新的眼光之下，她看到的D則是「自然奔放」。以前，她認為D「不起眼」，現在則覺得她很「新鮮」。M想要去除自己的勢利眼，變成一個更好的人。這和她外在行為無關，她的行為依然無懈可擊。但她的內在有了很大的轉變，已淨化昇華。梅鐸認為，善惡皆源於內心，M希望自己的內心多一點良善，少一點刻薄。

梅鐸強調對待別人是個人的、具體的，也是可行的。「人生唯一有價值的事，就是努力做一個有道德的人。」[11]她寫道，又說我們可以「在觀看中成長」。[12]我發覺這種道德發展哲學極具吸引力和說服力。

深切關注

我再舉個例子說明能體現梅鐸所說的「公正和關愛」的人。過去幾年，我曾與臨床心理學家瑪麗・派佛訪談過幾次，看她如何了解別人。當然，派佛受過專業訓練，但她告訴我，她幫病人做心理治療的技巧，就是沒有技巧，只是專心跟病人交談。她說，心理師的工作，與其說是提供解決方案，不如說這是「一種關注的方式」，[13]而關注就是一種最純粹的愛。

她在內布拉斯加草原的一個小鎮長大，各種相互衝突的觀點伴隨她的成長。她有個富有的姑姑是自由派，一個當農夫的舅舅是保守派。家族成員性格迥異，從情感豐富到含蓄內斂的都有，有喜歡遊歷四方的，也有喜歡宅在家裡的，有世故文雅的，也有粗野鄙俗的。這種多樣性的耳濡目染，讓你不管看到什麼樣的人都見怪不怪。

派佛在《給年輕心理師的信》（*Letters to a Young Therapist*）一書寫道：「心理治療就像人生，觀點就是關鍵。」[14]她在自己的工作中投射出一種樂觀的現實主義。在心理治療這個領域，過去的大師，比如佛洛伊德，認為人是由黑暗的驅動力、壓抑和爭強好勝的本能所驅使。派佛在剛出社會時曾當過服務生，她看到的人是脆弱的、追尋愛與被愛，有時在困境中掙扎。她試著從每個人的觀點來看事情，知道他們已盡全力，也會用同情的眼光看他們。她的基本立場是來者不拒，擁抱每一個人。

有些心理師會把病人和他們的家人分開。派佛說，他們很快就能看出家庭的問題，隨即貼上標籤——失能家庭——然後把困擾或折磨病人的一切都歸咎於家庭。當然，不少家庭確實有暴力、虐待的問題，受害者必須掙脫家庭的枷鎖。但派佛總會尋找好的一面。「雖然家庭是不盡完美的組織，卻是意義、連結與快樂最主要的來源，」她寫道。「所有的家庭都有點瘋狂，這是因為每一個人都有點瘋狂。」[15]在一次難纏的家庭治療結束後，她無意中聽到那一家人的父親說要帶大家去吃冰淇淋。派佛請他們回到診療室，稱讚那個做父親的太慷慨了，說他人真好。她看到這個父親熱淚盈眶。

她認為沒必要一直說話。「靈感是禮貌小姐」，她寫道。「她輕輕敲門，如果我們不開門，她就悄然離去。」[16]派佛會用問題導引病人走向正面：你是不是該原諒自己了？下一次，你和父母在一起的時候，你希望他們怎麼看待這次的相聚？在她剛開始當心理師的時候，她會問病人，別人如何對待他們，是否受到什麼樣的虐待，藉以了解他們。後來，她成熟了，發現這樣的問題更有用：你如何對待他人？你給他們什麼樣的感覺？她對人的關注，可以改變一個人。

派佛講述另一位心理師的故事。這位心理師為一對母女做心理諮商。母女一直對彼此充滿怨懟。在一次治療時，兩人又針鋒相對，言語滿是怨恨、批評和指責。接著兩人無語。那個做母親的打破沉默，說道：「我想到逼入死角的一個比喻：一個傢伙在油漆地板時，漆到最後，發現自己站在離房門很遠的一個牆角出不來。」[17]女兒心頭一震。她在想自己和母親如何陷入這種困境時，這個比喻一直在她腦海中盤旋。吵了這麼多年，在那一刻，這對母女終於放下武器，用不同的眼光看對方。心理師為她們感到高興，說道：「我離開一下，你們好好談談吧。」這就是照見心靈的一刻。

04 陪伴

有時，我們需要與人同行，陪他們走一段路。

美國博物學家洛倫．艾斯利（Loren Eiseley）在普拉特河（Platte River）做田野調查。這條河流經瑪麗．派佛定居的內布拉斯加，匯入密蘇里河，然後往南，最後注入墨西哥灣。他在茂密的灌木叢中跋涉，穿過一片柳樹叢，突然間發現自己站在水裡，水淹到他的腳踝，他的雙腳濕了。他已走了好幾哩路，此刻又熱又渴，附近不見人影，於是他脫掉衣服，坐在水中。

在那一刻，他體驗到他所說的「感官的延伸」，意識到自己所在的這條河流是整個北美流域的一部分：源頭是白雪覆蓋的冰川，雪水融化成冰冷的小溪，然後往南流入大河，最後奔向海洋。河水浩浩蕩蕩，而他，正在其中。他突然有個念頭：「我想漂浮。」[1]

如果你對普拉特河略有所知，就知道有人形容這條河「有一哩寬，卻只有一吋深」。這條河的確很淺，在艾斯利坐的那個地方，約莫水深及膝。但他不會小看這樣的深度。因為他不會游泳。他兒時曾溺水，差點丟了小命，從此一直怕水。普拉特河雖然不深，但也有漩渦、凹洞、流沙，因此一想到漂浮，恐懼、緊張和興奮隨即襲上心頭。

然而，他還是仰躺在水面上，跟著水流漂啊漂，細細品嘗這種感覺。他問自己：變成河流是什麼感覺？他已成為河流的一部分，自己和河流的界限消失了。「天空在我頭頂上方移動。在我進入主流時，有一瞬間，我覺得自己像是從大陸巨大的傾斜面滑下。接著，我感覺到高山泉水像冷冰冰的針，刺在我的指尖，傳來刺骨的寒意，而海灣的溫暖把我拉向南方，」他後來寫道。「我在古老的海床上方漂流，巨大的爬行動物曾在這裡嬉戲。我磨蝕時光的臉，湮沒雲霧氤氳的山巒。像螯蝦的觸鬚，輕柔的碰觸自己的邊緣，感覺到大魚在滑行。」

艾斯利寫的這篇文章叫作〈河之流〉（The Flow of the River）。他不但在文中描寫普拉特河，也訴說自己如何與河流融為一體。他描述如何用一種開放、接納的心態來看待所有生物和大自然之間的連結。他不是在河裡游泳。他不是在調查河流。他是與河流相伴。

要了解一個人，在照見內心的凝視之後，下一步就是陪伴。

輕鬆隨意的相處

人生的百分之九十都是在做自己的事。在公司開會、去超市購物，或是送小孩上學時跟其他家長閒聊。通常，你的周圍還有別人。但在這些日常生活，你並沒有專注的看著另一個人的眼睛，也不會吐露非常私密的事。你們只是在一起——不是面對面，只是肩並肩的相互陪伴。

在你開始了解一個人的時候，不要馬上就想窺探人家的靈魂。最好一起對某件事發表意見。你覺得天氣如何？你對泰勒絲、園藝或是影集「王冠」有什麼看法？你不是在研究一個人，只是在習慣那個人的存在。透過閒聊和一起做些瑣碎的事，你的心靈就會不知不覺的與我同步，我們因此漸漸了解彼此的能量、性格和態度。我們在協調彼此的節奏和情緒，了解對方幽微、心照不宣的一面，接著才了解其他層面。我們漸漸覺得跟對方在一起是件自在的事——這種自在是很難得的。身體安適之後，心靈才會張開耳朵，聽見聲音。

就了解一個人而言，很多人都輕忽閒聊以及輕鬆隨意相處的重要性。有時，要了解一個人，與其問他人生哲學的深奧問題，不如觀察這個人怎麼跟服務生說話。我發現，即使你已經跟一個人很熟，如果你不常跟這個人聊一些小事，就更難談論大事。

本章講述如何透過日常生活的點點滴滴了解別人。有些方式能加深連結與信任，有些則不然。如果你抱著效率／優化心態，你只會在最短的時間內把孩子送到托兒所，你和其他家長就像在黑夜交錯而過的船隻。我相信艾斯利在普拉特河的漂流，讓我們知道可用不同模式來跟他人相處。

顯然，在河中漂流，跟與人見面或是跟熟人喝咖啡並不相同。但艾斯利的心態給我們啟發和靈感。從這個意義來看，陪伴是以他人為中心的生活方式。你陪伴別人時，你在放鬆狀態——你把注意力放在別人身上，敏感、從容不迫。你不是引導或指揮對方，只是陪伴他們經歷人生日常的起起伏伏。你就在對方身邊，準備伸出援手，你隨時都在，不管發生什麼，你都接受。你的行動不是來自固執或任性，而是樂意、自願這麼做——你不強求，願意讓彼此之間的關係加深或變淡。你的所作所為讓別人能更完美的做自己。

陪伴的特點

對陪伴來說，最重要的一點是耐心。信任需要時間。善於陪伴的人展現哲學家西蒙・韋伊（Simone Weil）所謂的「消極的努力」（negative effort），也就是克制自己，有所保留，注意他人的狀況。韋伊寫道：「最寶貴的禮物不是自己千辛萬苦找到的，而是等待來的。」善於陪伴的人會放慢社交生活的節奏。我認識一對待朋友很好的夫妻，朋友都說，跟他們在一起很舒服。他們讓你在飯後願意在他們身邊待久一點，或是與他們在泳池畔的椅子上閒聊。跟他們在一起，你覺得很自然，友誼漸漸變得深厚。如果別人認為跟你在一起很舒服、自然，這可是了不起的才能。

了解別人永遠是個容易受到攻擊的主張。如果你太激進，過於急躁，別人就會退避三舍，對你豎立高牆。人會理所當然護衛自己的心理空間，只有在他們覺得適合的時候，才會開啟大門。一個人知道你尊重他們的隱私，才會願意吐露自己的隱私。你必須讓他們知道，你把他們的保留，看成是一種尊嚴，你把他們的深藏不露，視為他們尊重自己的一種訊號。

陪伴是了解一個人的必經階段，因此陪伴是如此溫柔、有節制。正如D・H・勞倫斯所言：

> 不管是誰，如果你想接觸生命，都得小心翼翼、躡手躡腳，就像走向在樹下依偎彼此的母鹿和小鹿。一個暴力的姿態、自我意志的激烈表達，都會把生命嚇跑……如果你安安靜靜，放棄自我主張，完全展現深層、真實的自我，用這種方式去接近一個人，就能了解生命中最微妙的感動。[2]

陪伴的下一個特質是好玩。艾斯利在河中漂浮、順流而下之時，他已忘了自己是個科學家。他在玩耍，享受一件樂事。公司度假會議或工作坊的主辦人希望參加的成員能快點互相認識，就會鼓勵他們一起玩——不管是槌球、打牌、聽音樂、猜字謎、散步或是做手工藝品都好，甚至可以泛舟。

我們會這樣做，因為人在玩耍的時候，更能展現人性的全貌，表現更多的創造力和情感。正如散文家黛安·艾克曼（Diane Ackerman）在《心靈深戲》（*Deep Play*）這本書說的，遊戲不是一種活動，而是一種心理狀態。

對一些人來說，打網球是工作。他們打網球完全是為了追求成就，希望自己有進步，有一天能成為高手。但對另一些人而言，網球是遊戲——好玩，讓人將身心投入其中。因此，他們整個人都很放鬆，會為自己的漂亮截擊叫好，對手截擊成功，也會為對方喝采。有些人認為科學是工作——科學研究為他取得學術地位，爭取到研究經費。但我認識一位天文學家，科學對她來說是遊戲。她談論黑洞或遙遠的星系時，聽起來就像個十一歲的孩子，興奮不已：她說她有很酷的望遠鏡，可以看到很酷的東西！

我和朋友一起打籃球時，雖然我們都不厲害，但籃球使我們在一起，同享歡樂時光。我們協調動作，互相傳球，來回穿梭，尋找接球或投籃的機會。這是一種自發的交流：歡呼、擊掌、擬定戰術、說垃圾話。我認識一些人，他們每個月都會一起打籃球，已經打了好幾年。儘管他們未曾剖心挖肺的談，但他們願意為彼此犧牲，他們之間友誼深厚——這種情感與連結是在打球中形成的。

在遊戲時，人會放鬆下來，成為自己，並在不經意間建立連結。笑聲不只是玩笑的產物。在心領神會那一刻，我們相視而笑，意想不到的事情發生了：我們產生共鳴。我們歡笑，慶賀心意相通。我們看見彼此。[3]

作家葛兒・卡德薇（Gail Caldwell）在她的回憶錄《一路兩個人》（*Let's Take the Long Way Home*）講述她和摯友卡洛蘭的故事。她們常一起玩，比方說在波士頓的查爾斯河上划船，或是一起去森林訓練自己的愛犬。葛兒和卡洛蘭會花好幾個小時訓練狗兒，分析對狗說「No」的不同含義。「如果我們倆的信任曾因關係糟糕而動搖，在這裡用我們未曾想過自己會擁有的工具獲得重建，」她寫道。「對我們來說，訓練狗兒是我們共同的體驗。這種體驗帶來很大的收穫，讓我們的友誼更加深厚。訓練狗是一種本能，也需要耐心、觀察和相互尊重。」[4]葛兒和卡洛蘭透過這種嬉遊的節奏，兩人關係也出現一連串的變化，「從小心翼翼到輕鬆自在，現在看來，似乎是謹慎甚至是無聲的交流。」[5]

即使還沒機會深談，你也可能對一個人有驚人的了解。我大兒子還是個嬰兒時，每天凌晨四點左右就醒了。那時，我們住在布魯塞爾，冬夜漫長，要到將近九點，才能看到天光。因此，每天，在昏暗的早晨，我會陪他四、五個小時——把他放在我胸膛上，舉起、放下，陪他玩木頭火車，給他呵癢，逗他笑。有一天，我躺在沙發上，握著他的小手，他那雙還站不太穩的腿在我肚子上蹦蹦跳跳。我突然想到，在這個星球，我是最了解他的人，而在這個星球所有的人當中，他或許也是最了解我的人，因為在天真無邪的玩耍時，我完全真誠、自發的流露情感。我還想到，儘管我們如此了解對方，我們卻不曾交談，因為他還不會說話。我們所有的交流、互動都是透過玩耍、觸摸和眼神。

陪伴的第三個特點是以他者為中心。艾斯利在那條河裡漂流時，完全沒想到自己或他的自我。他失去一部分的自我，甚至超越了自我。他讓河流引領他。

在平常生活，你陪伴某個人時，你已參與另一個人的計畫。我們最熟悉的，莫過於音樂世界中的伴奏概念。鋼琴家為聲樂家伴奏。他們是搭檔，一起完成一件事，但伴奏者是配角，巧妙的增添歌曲之美，讓歌者發光。伴奏敏於察覺歌者的一舉一動，感受歌者想要創造的體驗。在這條音樂之路，伴奏者在一旁，謙遜的協助另一個人向前行。

伴奏者不會去控制別人，不會主導要怎麼走，但也不是被動的旁觀者。且讓我用自己生活中的一件小事為例，說明我曾如何搞砸這種微妙的平衡。我的兩個兒子棒球都打得不錯。我大兒子要比小兒子大八歲，因此小兒子十二歲的時候，我已在棒球場上待了大約十年，看聯盟聘請的專業教練如何指導這些小球員。那年，我小兒子那一隊的教練是他們隊友的父親，不是職業教練，我自願協助他。我很快就發現，我比那個教練更了解如何指導青少年棒球，因為我在這項運動有更多的經驗。

於是，我不斷向他提出我的天才想法，比方說如何帶隊練習、如何進行擊球訓練、如何在比賽中進行調整。顯然，這是無私奉獻，我純粹是為了球隊好才這麼做。顯然，我不是想炫耀我很懂棒球，也不是為了吸引注意力，更不是想要掌控。顯然，我的行為和體育競技的男性優越感毫無關係。

教練立刻察覺我侵入他的地盤，威脅到他的權威。因此，他豎起一道防衛之牆。好玩的事變成微妙的權力戰爭。其實，他是個好人，我們的關係本來可以很溫暖，結果兩人「相敬如冰」。我的意見再好，他也聽不進去。

如果那時我學會陪伴的藝術，就會明白尊重他人選擇的能力有多麼重要。我希望自己像優秀的伴奏者，知道每個人都有自己的角色、走在自己的朝聖之路上，而你的任務就是在他們需要你的時候現身，幫助他們規劃路線。我希望自己早點了悟這個箴言：讓人自己去發展。我真希望自己當時就知道，包容個體差異、忍受別人的錯誤，才能建立信任。如果有人沒明講，用表情告訴你：「在你需要我的時候，我一定會出現。我會在適當的時候現身。」[6]這代表他是可以託付的人。

陪伴通常也意味著交出權力。比方說，老師可以告訴你解答，但他希望跟你一起找出答案。主管可以發號施令，但有時領導是指協助員工，讓他們可以在自己的崗位上有亮眼的表現。作家可以大聲疾呼，提出自己的觀點，但最好的作家不是告訴別人應該如何思考，而是創造一個情境，讓人自己去思考。教宗保祿六世說得好：「現代人寧可聽見證人說的，而不是聽老師的話。即便他願意聽老師的話，那是因為老師就是見證人。」

最後，善於陪伴的人懂得在場的藝術。在場就是出現。出席婚禮和葬禮，特別是在別人悲傷、被解雇、遭受挫折或羞辱的時候。在別人遭遇痛苦時，你不必說什麼至理名言，只要出現在他身邊，關心他在那個時間點經歷的一切。

我最近讀到南希．亞伯納西（Nancy Abernathy）教授的故事。她在課堂上教醫學院一年級學生決策技巧時，她丈夫在佛蒙特住家附近越野滑雪，因心肌梗塞倒下、死亡。那一年，他才五十歲。她勉強自己去上課。有一天，她告訴學生，她很怕下學期教這門課，因為每個學年開學之初，為了互相認識，她會請學生帶全家福照片來。她擔心她和丈夫生前的合照會讓她淚流不止。

這個學期的課終於上完了。夏天來了，又走了，秋天的腳步愈近，她就愈害怕。開學了，她驚恐不安的走進教室時，覺得不對勁：學生幾乎要把教室擠爆，來上課的，除了這學期修課的學生，還有她前一學年教過的、升上二年級的學生。這些學生出現在這裡，是為了陪她度過難關。他們知道這就是她需要的支持。亞伯納西後來說：「這就是同情。同情讓受苦者和療癒者建立單純的人際關係。」[7]

我在耶魯大學任教時，曾教過一個名叫吉莉安．索耶（Gillian Sawyer）的學生。她的父親死於胰臟癌。她父親死前曾惋惜的說，他會錯過她的人生大事——無法看她當新娘，也看不到孫子長大。父親過世後，她朋友結婚，她當伴娘。新娘的父親致辭時，提到女兒的好奇心和勇氣，講得很精采。到了父女共舞那一刻，吉莉安找藉口去洗手間，躲在裡面哭泣。等她出來時，她發現同桌的人，好幾個是她大學同學，站在門口等她。她允許我引用她的話：「我永遠記得，他們就站在那裡，沒說半句話。那在靜默中迴盪的真摯之情至今仍教我驚訝。每一個人，包括我還不大熟的朋友，都輪流擁抱我，給我安慰和支持，再回到自己的座位。沒有人勸我不要難過。他們只是靜靜的陪我。在那一刻，這正是我需要的。」

與人同行

大衛．懷特（David Whyte）是詩人，也是散文家，他在《撫慰人心的52個關鍵詞》（*Consolations*）一書指出，友誼的終極試金石，「不是改善自己或他人，而是見證，有幸被某人看見，也有幸照見他人的本質，與人同行，相信他們。雖有時只是陪他們走一小段路，但沒有你的陪伴，他們自己無法走下去。」

洛倫．艾斯利在普拉特河的漂流，為我們示範與大自然相伴的方法。我試圖捕捉他的心態。對在社會的日常之流漂浮的我們來說，這是很好的啟發。艾斯利那篇文章的核心論點是，大自然的萬事萬物都是互相連結的。只要你躺下來，讓這種意識沖刷你的身心，你就能了悟這點。社會生活也是如此，每一個人都透過共同的人性互相連結。有時，我們需要與人同行，陪他們走一段路。

05 人是什麼？

人不是用眼睛看世界，而是用自己的整個生命在看世界。

二〇〇四年十二月二十六日，法國作家艾曼紐・卡黑爾（Emmanuel Carrère）及其女友艾蓮帶著各自的兒子，在斯里蘭卡一家懸崖上的飯店度假。老實說，這次旅行有點令人失望。卡黑爾曾經以為艾蓮是他此生摯愛，兩人能白頭偕老。但他發現，儘管艾蓮讓他佩服，他不曾真正愛過她。顯然，他們之間的距離愈來愈遠。就在聖誕節前夕，兩人還認真討論分手的問題。「我們眼睜睜看著彼此漸行漸遠，沒有敵意，只有遺憾，」卡黑爾寫道。「真的很糟。我說了無數次，說我沒有能力去愛，但艾蓮真的是值得被愛的人。」[1]

第二天早上醒來，卡黑爾發現自己被悲觀淹沒，所有的希望都破滅。這段感情會結束，都是他的錯。他只想著自己，無法敞開心扉。他回顧自己悲慘的戀愛史，不禁自憐自艾，認為自己注定會變成孤獨老人。他正在讀的一本小說，裡面有句話讓他很有感觸：「今天早上，我本來想讓一個陌生人的手把我的眼睛闔上；因為我孤單一人，只好自己闔眼。」

不出所料，這次旅行果然被陰影籠罩。斯里蘭卡沒他們想的那麼美不勝收。才過三天，他們就準備打道回府。他們無精打采，決定取消當天上午預約的潛水課。

事實證明，這個決定攸關生死。因為南亞大海嘯正是在那天早上來襲。

海嘯

兩天前，卡黑爾在飯店餐廳遇見同樣來自法國的一家人——傑隆、黛芬和他們的女兒茱麗葉。茱麗葉才四歲，非常可愛。海嘯來襲時，傑隆和黛芬去鎮上買補給品，祖父陪茱麗葉在沙灘上玩。茱麗葉在淺灘玩水，祖父坐在沙灘椅上看報紙。突然間，老人發覺自己被捲進黑色的漩渦。他確定孫女已被海浪捲走，心想，自己必死無疑。

海浪把他沖到內陸。他越過房屋、樹木和道路。接著，海浪逆轉，退去的洪流可能把他捲入汪洋大海。他緊緊抓住一棵高大的棕櫚樹。洪水帶走的一片籬笆卡住樹幹，讓他得以固定在樹上。家具、人、動物、木梁、大塊混凝土，從他身邊流過。

洪水退去後，他睜開眼睛，發現自己還活著——但真正的噩夢才開始。他順著樹幹滑下去，站在淺水中。一個女人的屍體從他身旁漂過。他知道他現在要去鎮上，找茱麗葉的父母。他終於找到他們的時候，突然意識到，他們最後的幸福時光即將消逝。他說，茱麗葉死了。

「黛芬尖叫，傑隆沒出聲，」卡黑爾在回憶錄中寫道。「他把黛芬摟在懷裡，緊緊的抱著她。她不停的尖叫、嘶吼。從那時起，他只有一個目標：我無法為女兒做什麼，因此我得救我的妻子。」[2]

他們現在的任務是因應這場慘絕人寰的災難：找到茱麗葉的遺體，帶她回家安葬。茱麗葉罹難當晚，卡黑爾一家和黛芬、傑隆一起吃晚餐。第二天，兩家人也一起吃早餐、午餐和晚餐。接下來的幾天，他們一直守在彼此身邊，一起吃飯，一起去醫院尋找茱麗葉的遺體，安慰其他海嘯受難者。一起用餐時，卡黑爾看著黛芬承受打擊。她不哭了，也不再尖叫，但眼神茫然。她吃很少，拿著叉子的手顫抖著把米飯送進嘴裡。她的整個世界都是圍繞自己和女兒的關係建立起來的。這個世界已分崩離析。傑隆不時注意她的狀況，希望她能振作起來。

卡黑爾的女友艾蓮採取行動，到處奔走，幫助和關懷那些身心受到重創、拖著疲憊身軀回到飯店的倖存者。只要是她能幫得上忙的地方，她都全力以赴。她打電話給保險公司和航空公司，安排行程，坐在哀悼者身旁。她覺得她和卡黑爾有共同的目標，兩人同心協力幫助倖存者。然而，卡黑爾的經驗卻大不相同。他依然自我封閉，認為自己一無是處。「我是無趣的丈夫，」他寫道。海嘯來襲那晚，他躺在床上，伸出手，想去碰艾蓮的指尖，卻沒碰到。那一刻，他想：「我覺得自己好像不存在。」

後來，卡黑爾去附近醫院，拖著沉重的步子，在一間又一間瀰漫屍臭的停屍間，在一排排腫脹、發黑的屍體當中，找尋茱麗葉的遺體。他和黛芬遇見一個二十五歲、來自蘇格蘭的女人。她名叫露絲，是來度蜜月的。她和丈夫站在沙灘上，兩人相距三公尺左右。不料，大浪撲來，拆散他們。她每天都在醫院等待。她告訴自己，萬一睡著，就會失去跟他相見的機會，或許他再也不會活著回到她身邊。她接連好幾天沒吃沒睡。「她的決心很可怕，」卡黑爾寫道。「你可以感覺，她就快走到另一個世界，很快就會呈現僵直，有如行屍走肉。我和黛芬知道，我們一定要幫她，不能讓她變成那樣。」[3]

有很多繁瑣的事要處理，但也有很多時候是在等待。他們只是坐在一起說話，本能的述說自己的故事。黛芬告訴卡黑爾他們一家三口在法國的生活，她丈夫傑隆每天中午休息時間，都會回家跟母女倆一起吃午餐，茱麗葉很愛動物，堅持用自己的方式餵兔子。聽黛芬描述，彷彿那是幾百年前的事。

傑隆仍努力救妻子，不想讓她溺死在悲傷之中。一起吃飯時，他會用洪亮的聲音鼓舞每個人、講故事給大家聽、抽菸、倒酒，拒絕讓靜默籠罩他們。同時，卡黑爾看著傑隆注視黛芬：「他用眼角餘光看著黛芬，注意她的一舉一動。我記得當時我在想，這就是真愛，一個真正愛妻子的男人。沒有比這個更美的。但黛芬一語不發，心不在焉，平靜得令人發毛。」

大家圍繞著黛芬，委婉的懇求她：別走，跟我們一起留下來。有一晚在餐廳吃飯時，黛芬看到一個小男孩滑到媽媽大腿上。媽媽撫摸他，他盯著媽媽。卡黑爾看著這一幕，想像她看到什麼、在想什麼：她再也不會坐在女兒床上，唸故事書給她聽，哄她入睡。黛芬看著小男孩和媽媽回房間。她與卡黑爾四目相接，微微一笑，喃喃的說：「他好小。」

露絲終於可以用艾蓮的手機給蘇格蘭的父母打電話，告訴他們，她沒事。卡黑爾和艾蓮站在一旁看她講電話。她哭了起來，不但淚流滿面，還抽抽噎噎的啜泣。她父母告訴她，她丈夫還活著，她這才破涕為笑。淚眼汪汪的黛芬衝上去，擁抱她。

卡黑爾寫道，這個小團體的人感情很好。這場突如其來的災難讓他們和家人陰陽永隔，而悲傷使他們相憐相惜。卡黑爾現在不會只想著自己的事。他看著餐桌上的其他人。他後來回憶道：「我知道我們愛他們，我相信他們也愛我們。」[4]他開始設法進入周遭每一個人的內心世界，將心比心，透過他們的眼睛看到一些東西，了解他們為了活下去所做的努力。他在這本令人揪心的回憶錄《我自己以外的人生》（*Lives Other Than My Own*）寫下他在這次危機學到的東西：了解他人，從他人的視角來看。

他們終於踏上返鄉的漫長旅程時，卡黑爾開始用不同的眼光看艾蓮。以前，他覺得她有點陰鬱，此時在他眼裡，她是「小說或冒險電影中的女主角、既勇敢又美麗的新聞記者，義無反顧的採取行動」。有人開廂型車，載他們到一所學校，讓他們洗澡，收拾行囊。卡黑爾回想起這一刻，他們的身體有多麼脆弱。「我看著艾蓮，可愛的她已被恐懼、疲倦壓垮。對她，我有一種強烈的憐憫之情。我想照顧她、珍惜她、永遠保護她。我心想，這場天災可能奪走她的生命。她對我是如此寶貴，太寶貴了。我希望有一天能看她變老，看歲月在她臉上刻滿皺紋，而我仍然深愛著她……水壩潰決，悲傷、解脫和愛交織在一起，如滔滔之水，往下奔流。我緊緊的擁抱她，告訴她，我不想離開她了，永遠都不想。她說，我也不想離開你。」[5]卡黑爾下定決心：他要跟她攜手到老。「我告訴自己，今生今世，我們一定要相伴相守，」他寫道。「如果我在死前必須完成一件事，就是跟艾蓮白頭偕老。」他記得，接下來的幾天他很擔心艾蓮會離開他。而在艾蓮的回憶裡，那幾天她才有兩人真的在一起的感覺。後來，他們結婚了，生了個女兒。

感受

我講這個故事有兩個用意。首先，這個故事用具體的方式顯現，不同的人經歷了同一件事，卻有完全不同的體驗。卡黑爾筆下的人都遭遇到可怕的打擊，但是每個人的感受卻截然不同，這取決於事件對他們的影響、他們的生命史，以及當時的情況加諸於他們身上的任務。

對傑隆來說，他別無選擇，一心想著：在這場浩劫中，他只能拚命救妻子。從得知女兒死訊那一刻起，他就知道，他只有一個任務，也就是保住黛芬，他不能再失去她。對黛芬來說，她要做的，就是承受打擊，撐住。至於艾蓮，海嘯使她做自己──在危機中挺身而出，幫助別人。露絲的任務則是在原地守候，等丈夫歷劫歸來。起初，卡黑爾從自己的無助來看海嘯。他自我封閉、孤獨，覺得自己無能為力。

當悲劇發生時，每個人都會用自己獨特的方式來因應、體驗。赫胥黎一針見血的指出這個核心現實：「經驗不是發生在你身上的事，而是你如何因應發生在你身上的事。」

換言之，現實有兩個層面。一個是客觀現實，也就是發生了什麼；另一個是主觀現實，也就是你怎麼看待、解釋發生的事，並賦予意義。主觀現實有時可能要比客觀現實來得重要。正如耶魯大學心理學家馬克．布雷克特（Marc Brackett）所言：「與其說幸福取決於客觀事件，不如說取決於我們如何感知、面對這樣的事件，並與他人分享。」[6]在我們想要了解別人時，應該把焦點放在這個主觀層面。最關鍵的問題不是一個人遭遇了什麼或是履歷表上列出的經歷，而是「這個人如何解釋發生在他身上的事？他怎麼看事情？如何建構自己的現實？」如果我們想要了解另一個人，這才是我們真正想要知道的。

一個外向的人參加派對，他看到的現場和內向的人看到的不同。一個設計師在房子裡看到的，必然和保全人員不一樣。美國當代精神醫學大師歐文．亞隆（Irvin Yalom）曾請一個病人為一次團體治療寫下治療摘要。讀了病人寫的摘要之後，他發現自己所見所聞跟這個病人截然不同。亞隆認為自己在治療過程中，把精闢的見解跟這群病人分享，但她沒聽到，也沒寫下來。反之，她注意到的是一些小事——有個病人如何稱讚另一個病人穿的衣服，某個病人怎麼為遲到表示歉意。[7]換句話說，就算我們參加同一個活動，但每個人都有自己的經驗方式。或者，正如作家阿娜思．寧（Anaïs Nin）所言：「我們看到的，不是事物本來的樣子，而是我們內心的反射。」

我講這個故事的另一個原因，是這個故事展現一個人的整個視角，也就是他或她看待、解釋和體驗這個世界的方式是如何轉變的。在正常情況下，我們的主觀意識會慢慢發生變化，但在震天撼地的事件發生時，主觀意識會馬上出現轉變。

在故事開頭，卡黑爾抑鬱寡歡，只想著自己的事，認為自己無能為力。他覺得艾蓮是個了不起的女人，但他不愛她。經歷海嘯的衝擊，他才從封閉的自我世界走出來，徹底改變他對自己和艾蓮的看法，也用不同的方式來經歷這個世界。他不再自我中心，完全從自己的角度來看，比較能從他人的視角來看。現在，他認為自己是個肩負新任務的男人：他心中湧現對艾蓮的愛，發誓要愛她一輩子，跟她共度餘生。與其說他做出了一個理性的決定，改變他對艾蓮和自己的看法，不如說他內心深處暴發出某種力量，改變了他的整個觀點。

黛芬的轉變更大。任何人都可以告訴你，打從你的孩子出生那一刻，你會發現自己對人生的觀點有了變化。萬一孩子從你的世界消失，你對人生的觀點又會出現改變。黛芬已經習慣這麼過日子——抱茱麗葉、餵茱麗葉、陪茱麗葉玩。這些與茱麗葉共同的生活經驗，已在她腦海中形成模型。現在，茱麗葉走了，這些模型與新的現實不協調。她的人生故事將一分為二，之前和之後有如隔世。海嘯前，她對人生抱持一種視角。歷劫後，她必須發展出另一種視角。她得歷經悲傷的試煉，過去的回憶將闖入她的內心，為她帶來椎心之痛。想到茱麗葉在生命最後幾秒如何被恐懼吞噬，她就肝腸寸斷。然而，她腦海中的模型將慢慢的、慢慢的重組。她的視角也將適應新的現實。她建立的新視角會把茱麗葉留存在她的記憶和內心，從此用這樣的視角來看世界。這種悲傷和心靈重塑的過程不是意識能夠控制的。這個軌跡是出人意表、獨特的——同樣來自內心深處的某個地方。每個人的心靈都在不斷的重塑。

創造性的心靈

如果你想好好看見、了解一個人，就必須知道你在看什麼。你必須知道人是什麼。前面敘述的悲劇，凸顯一個有關人類本質的核心真理：人就是一種觀點。你遇見的每個人，都是有創造力的藝術家，一再把人生遭遇的事件融入自我，創造出非常個人化的世界觀。人就像藝術家，會把一生經歷整合成一個複雜的世界表象。這種表象便是造就你的主觀意識，把你的記憶、態度、信仰、決心、創傷、愛、恐懼、欲望和目標整合成你觀看外界的獨特方式。這種視角幫助你解讀感官捕捉到的所有模糊的東西，幫助你預測會發生什麼，在某種情況之下，幫助你辨別什麼才是真正重要的，幫助你決定在某種情況下該有什麼樣的感受，幫助你塑造你想要的東西、決定愛誰、欽佩什麼人、你是誰，以及在某個時刻你該做什麼。你的大腦創造了一個世界，裡面有美、也有醜陋，有刺激、也有枯燥乏味，有朋友、也有敵人，你就活在這個世界裡。人不是用眼睛看世界，而是用自己的整個生命在看世界。

認知科學家把人的這個特點稱為「建構主義」。根據建構主義，人不只是被動接受現實。過去半個世紀的大腦研究也證實這點。每個人都會積極建構自己對現實的感知。這不是說客觀現實不存在，而是我們只能主觀的接觸現實。十七世紀英國詩人約翰．米爾頓（John Milton）寫道：「心決定自己在何處，可把地獄變成天堂，也可把天堂變成地獄。」

想要了解別人時，就得不斷問自己：他們如何感知這種情況？如何經驗這一刻？如何建構自己的現實？

讓我簡要的用腦科學來告訴你，這個建構的過程有多麼徹底。比方說，你環顧一個房間。這事看起來不像是在創造什麼，似乎你只是在觀看客觀存在的事物。你睜開眼睛，光波射入，你的大腦記錄你看到的東西：一張椅子、一幅畫、地上的一團灰塵。你的眼睛就像老式照相機——快門打開，光線射入，影像記錄在底片上。

但感知不是這樣運作的。你的大腦被鎖在黑暗、堅硬的頭骨裡。大腦的工作是從非常有限的訊息理解這個世界。這些訊息透過視神經進入視網膜，然後到視覺皮質的整合層。你的感官給你的是一張粗糙、解析度很低的世界快照，而你的大腦被迫接收這些訊息，然後建構出一部高解析度的電影。

因此，你的視覺系統在建構這個世界時，會把你已經知道的東西應用到眼前的場景。你的大腦不斷問自己一些問題，例如：「這跟什麼很像？」「上次我碰到這種情況時，接下來我看到了什麼？」你的大腦會設計出一連串它預期會看到的模型，然後眼睛會回報是否看到了大腦預期會看到的。換句話說，「看見」不是一個被動接收數據的過程，而是一個主動預測和修正的過程。

神經科學家阿尼爾·賽斯（Anil Seth）寫道，感知是一種「生成的、創造性的行為」。[8]這是「一種以行動為導向的建構，而非被動的記錄客觀的外在現實」。[9]或者如神經科學家麗莎·費德曼·巴瑞特（Lisa Feldman Barrett）所言：「科學證據顯示，我們看到、聽到、觸摸到、嚐到、聞到的東西，大抵是模擬，而非反應。」[10]大多數人都不是神經科學家，不會意識到這些建構，因為這是在不知不覺之中發生的。彷彿大腦在創作龐大而複雜的作品，就像普魯斯特的小說，但對有意識的心靈來說，這根本不費工夫。

社會心理學家樂於揭露這種預測——修正觀察方式的缺陷。他們在一個場景中引入讓人意想不到之物，果然讓人看不到大剌剌出現在自己眼前的東西。你也許知道「為什麼你沒看見大猩猩」的實驗。研究人員給受試者看一支短片。[11]影片中，有一群人在傳球。研究人員要受試者注意穿白衣那一隊，計數他們傳球的次數，不管穿黑衣那一隊。看完影片後，研究人員問受試者：「你看到大猩猩了嗎？」約有半數的受試者不知道研究人員在說什麼。他們再次觀看影片時，由於腦子裡有「大猩猩」這個概念，果然看到一個穿連身猩猩裝的人走到他們當中，在那裡站了幾秒，然後走開，驚訝得目瞪口呆。他們先前沒看到，是因為根本沒預料到會出現「大猩猩」。

我非常喜歡這類實驗。在另一個實驗中，研究人員向一個學生問路，說他要去校園的某個地方，請問怎麼走。[12]學生於是開始告訴他。這時，有兩個「工人」（其實，這兩人也是研究人員）抬著一扇門，粗魯的從他們中間穿過。就在這個瞬間，問路者和其中一個工人偷偷換位置。於是，工人把門扛走後，學生為一個完全不同的人指路。大多數的指路人都沒注意到問路人已經換了，只是繼續說要怎麼走。我們不會想到問路人會變成另一個人，因為沒注意，就不會發現。

在一九五一年一場美式足球賽中，達特茅斯和普林斯頓這兩隊發生激烈衝突。賽後，兩隊的球迷都火冒三丈，認為對方太過分。後來，心理學家讓學生在比較平靜的環境下觀看比賽錄影。學生還是堅持對方犯規的次數是我方的兩倍。這樣的偏見面對質疑時，雙方都說，自己沒錯，比賽錄影就是客觀證據。研究這個現象的心理學家亞伯特・哈斯托夫（Albert Hastorf）和哈德利・坎崔爾（Hadley Cantril）指出：「如果你說，比賽是客觀存在的，而人只是觀察者。數據顯示，根本就沒有這種事。只有對一個人的目的有意義，一場比賽才真的存在，此人也有專屬自己的賽事經驗。」[13]來自不同學校的學生根據自己想看到的東西建構了不同的賽事。或者正如精神科醫師伊恩・麥克里斯特所言：「要了解某件事情，我們選擇的模式決定我們會發現什麼。」[14]

儘管研究人員喜歡揭露我們觀看方式的缺陷，人類大腦一直讓我驚異，因為大腦能建構一個無比豐富、美麗的世界。例如，我們在講話時常常會含糊不清或發音錯誤。[15]如果對方一個字一個字拆開來說，你也許只能聽懂一半。然而，由於你的大腦善於預測什麼字詞應該會出現在什麼句子中，因此你很容易從別人說的創造出連貫的意思。

宇宙是個單調的地方，沒有聲音，也沒有色彩。我指的是宇宙字面上的意思。宇宙無聲、無色，只是一堆波和粒子。但是因為我們有創造性的心靈，所以我們能感知聲音和音樂、味道和氣味、色彩和美、敬畏和驚奇——這些都在你的心靈，不是在宇宙中。

走出自己的視角

我希望透過精簡的神經科學，讓你很快了解每個人無時不刻不在創造。如果你的大腦必須做大量具有創造性的工作，才能讓你看到眼前的物體，那麼想像一下，要做多少事情才能建構你的身分、你的人生故事、你的信仰體系、你的理想。地球上約有八十億人，每個人都以獨一無二且永不重複的方式來看世界。

如果我想了解你，至少對你如何看這個世界能有一丁點的了解。我想看看你是如何建構自己的現實，如何創造意義。我想走出自己的視角，至少離開一點點，進入你的視角。

如何做到這點？建構主義提出一種前進的方式，一種和他人互動的方法。在這種方法，我最不想做的，就是把你釘住，把你當成實驗室樣本那樣檢查。我不會把你簡化成一種類型或是用標籤困住你，像是人類分類體系，也就是基於心理學、人格學或其他社會科學，根據個人的特徵、性格或行為模式把人劃分為不同的類別，如邁爾斯—布里格斯性格分類指標（Myers-Briggs）、九型人格（Enneagram）、星座等。

反之，我想把你當成積極的創造者。我想了解你如何建構自己的觀點。我想問你，你怎麼看事情。我希望你能告訴我，在你的生命中，過去事件的能量，如何影響你對今日世界的看法。

我要與你交流。看一個人和看一件事是不同的，因為在你看一個人的時候，那人也在看著你。我在了解你的同時，你也在了解我。有意義的對話就是這種方式的精髓。

如果我們要成為照亮者，首先必須提出問題，然後積極回應答案。我們必須問：你對這件事有什麼看法？你看到的情況跟我看到的一樣嗎？接著，我們要問：什麼樣的經驗和信念使你這樣看？例如，我可能會問，你童年時期發生了什麼，讓你仍然以局外人的視角來看這個世界？你家庭生活的哪些特點使你如此重視慶祝節日和宴客？你討厭請別人幫忙。為什麼會這樣？你似乎擁有一切，卻沒有安全感。為什麼？

在這樣對話的過程中，我們愈來愈注意自己建構現實的模式。我們更加了解彼此。我們也更了解自己。

走進別人的生活

在海嘯前，艾曼紐．卡黑爾認為自己是個孤立、沒有愛的人。他透過自己的野心看人生：「我活在不滿、壓力之下，追逐榮耀的夢想，傷害愛我的人。我總是幻想，有一天，我會在別的地方找到更好的東西。」他被一套模式禁錮，因此永遠不滿足，包括對身邊的人，永遠看不到他們的美好。

海嘯的創傷重新調整了他的模式。面對那些家人罹難、哀慟逾恆的可憐人，他跟他們坐在一起，跟他們說話，進入他們的經驗。他用更深入、更有洞察力的新方式去了解別人，漸漸變成照亮者。

他走進別人的生活，自己的視野變得開闊、深刻。他用不同的方式看別人，也以不同的眼光看自己。他變得悲天憫人，情感豐富起來，也更能用智慧之眼看世界。這就是深入觀察別人帶來的影響。正如哈佛心理學家羅伯特．基根（Robert Kegan）所言，眼睛看到的東西愈深刻，心就會愛得愈溫柔。

一個人能做的最偉大的事，就是接受人生的教訓、磨難和驚喜，接納世俗的現實，提升自己的意識，以更多的了解、更多的智慧、更多的人性和更多的優雅，來看這個世界。

蕭伯納說得好：「人生的意義，不在於發現自我，而是創造自我。」

06 對話技巧

好奇別人經歷了什麼，要比誰是誰非來得重要。

現在，我們要真正切入主題了。到目前為止，我們已經探討如何把目光投注在一個人身上、如何陪伴別人，以及了解什麼是人。現在，我們將了解什麼是真正與人互動，如何探究他人的內心深處。這是最關鍵、也最困難的事。如果你能做到，就能了解周遭的人。要是做不到，你就會不斷誤解別人，他們也覺得自己被誤解。這是能夠改變人生、驚人的壯舉。然而，我們可從哪裡開始著手？

嗯，公園裡的一張長凳就很不錯。

我描述的這件偉大的事，就叫……交談。如果一個人是一種觀點，要想了解別人，就得問他們是怎麼看事情的。只是想像他們在想什麼，根本沒用。你必須開口，你必須跟他們對話。

本書原文副書名是「The Art of Seeing Others Deeply and Being Deeply Seen」（透視他人與被透視的藝術）。我特別選擇這個副書名，是因為我希望你能立刻明白我在寫什麼。老實說，這個副書名仍不夠精準。如果我們要研究的是如何真正了解另一個人，副書名也許應該是「用心傾聽和被傾聽的藝術」。因為要了解一個人，通常需要多談、多聽，而不只是看。

然而，要精通對話的藝術很難。我想了解如何成為一個對話高手時，發現我必須先搞清楚什麼是對話高手。很多人認為對話高手會講有趣的故事。但那是擅長講故事的人，不是對話高手。很多人認為對話高手是對各種話題都能提出洞見的人。但這是演講高手，不是對話高手。對話高手是能促進雙向交流的人。一個好的對話者能引導別人互相探究，了解彼此。

亞瑟・貝爾福（Arthur Balfour）是英國政治家，在一九一七年提出貝爾福宣言而聞名於世，支持猶太人在巴勒斯坦建立家園。他的朋友約翰・巴肯（John Buchan）曾說：「我可不假思索的說，他是我認識最會說話的人。」[1]這不是指貝爾福能說出精采的獨白或出口成章，而是他會「與人互動，提升討論的層次，激發他人，讓人得以展現出最好的一面」。

巴肯如此描述貝爾福：

儘管碰到一個害羞的人，看他欲言又止，他依然能從這樣猶豫不決的話語當中，找出意想不到的可能性，再三的探究、延伸，直到那個人覺得自己真正對人類智慧做出貢獻。在戰爭的最後一年，他允許我偶爾帶來自美國的訪客，與他在卡爾頓花園共進午餐。我還記得，他和客人對談的方式教我佩服得五體投地。他會抓住對方不經意說出的詞語，做為猜測的支點，鼓勵對方完全發揮，展現出最好的一面。客人離去時，總是興高采烈，飄飄欲仙。

好的對話不是一群人互相發表一系列的言論（其實，這是差勁的對話）。好的對話是雙方共同探索。好的對話不是單行道，而是雙向道。有人提出了一個半成形的想法，另一個人則抓住這個想法的關鍵點，加以發揮，根據自己的經驗，提出自己的觀點，然後讓對方回應。好的對話能激發你未曾想過的念頭。好的對話從一個地方開始，在另一個地方結束。

每個人都知道怎麼對話嗎？其實，很少人熟諳此道。有一次我和一位政府官員通電話。他喋喋不休的對我說教，突然間電話斷了。我以為他會馬上回撥給我。我等了五分鐘。七分鐘過去了。悄然無聲。於是，我打電話到他辦公室。助理說，對不起，他正在講電話。我告訴她：「你不明白。他是在跟我講電話！他不知道我們的通話十分鐘前就斷了，還滔滔不絕的在講！」

也許這是我自己造成的。記者卡爾文・崔林（Calvin Trillin）說，有人講話總是嘰哩呱啦沒完沒了，這種人就是「無聊炸彈」。我發現我常被這種炸彈炸到。我不得不下定決心：如果你打電話給我，或是請我喝咖啡，結果卻喋喋不休，對我可能在想什麼一點興趣都沒有，那我們以後還是別在一起了。

如何對話

至於我自己的談話技巧，我或許和其他人一樣：認為自己應該比實際表現的來得好。說來，這不完全是我的錯。談話這事應該從小就開始學。但是沒人教我們。為了彌補這個缺憾，我花了一些時間與談話專家討論，鑽研他們的書籍。最後找出幾個竅門，希望有助於大家。

把注意力當成開關，而不是微調器。我們都有這樣的經驗：你跟某個人說話，發現對方根本沒在聽。這就像你對他們傳遞訊息，但他們卻當耳邊風。你開始局促不安，支支吾吾，最後說不下去。

問題在於，一般人說話速度大約是每分鐘一百二十到一百五十個字。[2]這些話語的資訊量不足以占據聽者的大腦。如果你有社交焦慮，此時你的腦袋有很多想法正在飛舞，隨時會奪走你的注意力，讓你無法留心別人在說什麼。對一個傾聽者來說，解決辦法就是把注意力當成開關。如果你要注意聽別人說什麼，就打開注意力的開關，全神貫注的聽，阻止自己分心。你可以運用一些專家所說的SLANT：也就是坐直（sit up），傾身向前（lean forward）、提問（ask question）、點頭（nod your head）、眼睛注視著說話的人（track the speaker）。用眼睛傾聽。這是百分之百的專注。

出聲傾聽。聽別人說話時，你要表現得非常積極，像是要燃燒卡路里。歐普拉就是真正的談話大師。你看她採訪一個人，可以看到她的感受，看她如何熱情回應對方的話語。她驚訝的張大嘴巴，眼睛閃爍喜悅的光芒。當話鋒一轉，談到快樂的事，她會像歌唱一樣附和：「啊……喔……咿……」這是鼓勵的合音。若是觸及悲傷或嚴肅的事，她會露出關切的神情，靜靜的坐著，讓談話速度慢下來，引發深思。

像我的朋友安迪．克勞奇（Andy Crouch），他在聽別人說話的時候，就像是靈恩派教會的信徒。你在說話時，他會喃喃的發出一些聲音，說道「啊哈」、「阿門」、「哈利路亞」，或是讚嘆「說得好！」我真喜歡跟他說話。

在談話時，每個人都面臨自我表達和自我壓抑的內心衝突。如果你只是被動的聽，對方很可能會變得拘謹。反之，積極聆聽則是請對方好好表達。你可用「好客」這個比喻來了解這點。你在傾聽別人說話時，就像晚宴主人。你布置好場地，熱情招待客人，你表達出和他們共聚一堂的喜悅，拉近自己和他們的距離。而你說話時，你就像赴宴的客人。你帶來禮物。

偏好熟悉的事物。你也許認為人們喜歡聽新鮮、陌生的事物，也喜歡說這樣的事。其實，人們喜歡談他們看過的電影或觀看過的賽事。社會心理學家格斯．庫尼（Gus Cooney）等研究人員發現，我們在說話時，講述非凡、新奇的體驗會比較難引起共鳴，容易受到冷落，這就是所謂「新奇的懲罰」。陌生、未知的事情會讓人覺得難以想像，也無法使人興奮，人大都喜歡談自己熟悉的東西。要有話聊，你得找到對方最感興趣的事情。如果你看到對方穿孩子球隊的隊衫，可以聊孩子球隊的事。如果對方有一部酷炫的摩托車，就以摩托車做為話題。

讓人當主角，而不是見證者。一般人在描述事情時往往不夠詳細，會忽略具體的細節。然而，如果你問一些具體的問題，像是「老闆說這些話的時候，坐在哪裡？你是怎麼回應的？」他們可能會用更生動的方式重述當時的情景。

擅長對話的人會問具體的事件或經驗，甚至會更進一步探問。他們不只是想知道發生了什麼。他們想要了解，老闆親口解雇你時，你當下有什麼感受。你的第一個念頭是什麼？「我怎麼向家人交代？」你的主要情緒是恐懼、羞辱，或者鬆了一口氣？

高明的對話者會問，你現在經歷到的跟當時的經歷有什麼不同？現在回想起來，被解雇是一場大災難，或者使你慶幸自己得以走上一條新的道路？有時，有些事情儘管當下很難熬，事後回想起來，卻有塞翁失馬焉知非福之感。身為對話者，你要做的，就是引導他們說出自己得到的教訓，以及他們因此出現什麼樣的轉變。

不要害怕停頓。你一言我一語，機鋒敏捷，這種交談是很過癮。我們會說有趣的故事或是知道對方接下來要說什麼。但有時，有人說重要的事情，需要好好聆聽、思索。凱特．墨菲（Kate Murphy）在寫《你都沒在聽》（*You're Not Listening*）這本書的時候，花了些時間在第二城喜劇團（The Second City），看即興喜劇演員如何傾聽彼此說話。她在那裡遇見了該團藝術總監馬特．霍夫迪（Matt Hovde）。霍夫迪在指導學員即興表演時，伸直手臂問道：「如果一個人講故事是從肩膀開始，在指尖結束。我們在哪裡就沒在聽了？」[3]大多數的人到了手肘就分心了，[4]開始在想自己要如何回應。這是個問題，因為說話和傾聽涉及的大腦區域多有重疊，一旦你進入反應模式，就無法專心傾聽。厲害的對話者就像好的即興喜劇演員，會控制自己的急躁，耐心傾聽，而他們傾聽是為了學習而非回應。因此，這樣的對話者會等對方把話說完，然後停頓一會兒，思索如何回應，同時舉起手，以免對方繼續說下去。談話的留白可創造反思的空間。

墨菲在書中指出，在日本文化可以看到，日本人不急著回答問題，回答之前會停頓、思考一下。[5]研究顯示，日本商務人士通常會在別人說完話之後停頓八秒再來回應，相形之下，一般美國人只能忍受四秒鐘的停頓。日本人說話這樣停頓是對的。

迴圈。有一個心理學概念叫作迴圈（looping）。這是指你重複別人方才說的，以確定自己正確了解別人的意思。談話專家建議我們採取這種有點笨拙的做法，因為我們往往以為別人應該知道我們要表達的意思，認為自己已經說得很明白。比方說，有人說：「我老媽很難搞」，認為別人應該知道他在說什麼。

專家建議，如果有人說了件重要的事，你可以用問題來回應，例如：「聽你這麼說，你真的很生你媽的氣，對吧？」如果你嘗試用這種迴圈方式，就會發現你經常誤會別人。說話的那個人也許會反駁說：「不是，我沒生我媽的氣，只是她總讓我覺得矮人一截。這兩者是不同的。」

迴圈會強迫你更仔細傾聽。其他人會感覺到你的變化。迴圈也會讓對方專注在核心觀點，不會離題。問題是，有人會覺得這種回應方式有點假。我也是這麼覺得。如果在二十分鐘的談話中，我說了六次：「所以，你方才是說……」對方就會覺得我像心理分析師，而不是他的朋友。因此，我會試著用一種比較隨意、自然的方式來說，也就是轉述對方剛剛說的：「所以，你真的很生你媽的氣囉？」然後停頓一下，看他們是否同意我這樣轉述。

助產士模式。很多好的對話是互相的，分享彼此的想法、觀點或感受。一半的時間在說話，一半的時間在聆聽。然而還有一些好的對話不得不傾向一邊。一個人身陷困境或面對重大的人生決定，另一個人在這苦思的過程中陪伴他。

在這種情況下，一個好的對話者會扮演助產士的角色。助產士只是協助產婦分娩，自己不生產。在對話中，助產士要做的不是提出見解，而是幫助另一個人形成見解。助產士讓你覺得安心，同時也督促你、鼓勵你。我們不見得對自己完全誠實。助產士會鼓勵你更誠實的面對自己。

帕克・巴默爾是貴格會成員、教育家，也是《未來在等待的教育》（*To Know as We Are Known*）一書作者。我在第三章就引用了他的話。一九七〇年代，他曾有機會擔任一所大學的校長。[6]在考慮要不要當校長之時，他利用貴格會內部一種叫作澄澈審議會（clearness committee）的識別程序，參與會議的小組成員會提出問題，幫助你思索，使你得出自己的結論。有人問巴默爾，為什麼他想當大學校長。但巴默爾列舉所有他不喜歡擔任這個角色的原因——募款、政治、不能教書。另一個人說：「我知道你不喜歡做什麼了，但當校長有你喜歡的點嗎？」

巴默爾說，他喜歡一張擺了「校長」頭銜名牌的辦公桌。最後，澄澈審議會有個人問他：「如果你要讓你的照片見報，還有簡單的辦法嗎？」巴默爾笑了，這才發現他其實不想當校長。他感謝澄澈審議會給他一個聆聽自己內心的機會。有時，只有聽到自己說出內心的聲音，我們才得以真正了解自己的想法。

異中求同。即使雙方有很多矛盾和衝突，溝通困難，依然可以找到共通點。這就是調解專家亞達．寇恩（Adar Cohen）所說的「珍貴的陳述」。我們仍可在分歧的底下找到共識，也就是雙方都能接受的觀點：「對爸爸該接受什麼樣的治療方案，雖然我們的意見不一致，我從未懷疑你是為了爸爸好。我們都希望他能得到最好的醫療照護。」如果你們在爭吵時能說出這樣的話，就不會撕破臉。

異中求異。我們在爭吵時，自然會一直重述自己的觀點，直到對方能夠從你的角度看問題。更好的做法是問：「我們到底為什麼會意見分歧？在我們的分歧底下，我們的價值觀有什麼樣的矛盾？」也許你們對槍枝管制條例意見不一，是因為你們對公共安全或政府角色有著截然不同的看法；也許你們倆，有一個來自鄉下，另一個來自城市。

你在思索分歧的問題時，其實是在探究彼此的道德和哲學的根源，以了解為什麼出現信念的差異。如果能互相探索，突然間我們就不再重複自己的論點，會想知道對方的故事。正如神經科學家麗莎．費德曼．巴瑞特所言：「對朋友經歷了什麼感到好奇，要比誰是誰非來得重要。」

跟人說話不要只想占上風。如果有人跟你說，正值青春期的兒子讓他很頭疼，別馬上回應說：「我完全明白，因為我們家史蒂芬是叛逆大王。」也許你以為你在用相同的麻煩建立連結，有如一種「同病相憐」，其實你已把焦點轉移到自己身上，傳達了這樣的意思：「你的問題還好，我的問題嚴重多了。」如果你想藉由共同的體驗建立關係，在一股腦兒講述自己的事情之前，請先好好聽對方怎麼說。

記者莫妮卡．古斯曼（Mónica Guzmán）曾寫過《我從未那樣想過》（*I Never Thought of It That Way*）一書，目前在草根組織「更勇敢的天使」（Braver Angels）服務，致力於減少政治的兩極分化，讓共和黨和民主黨能互相對話。她從自己的經驗得到這樣的教訓：「就算你一直講，一直講，也很難讓人完全明白你的意思。」[7]對這句話，我深有同感。

我們的目標就是促進對話，讓人了解你的意思。我在這裡描述的社交技巧也許可以幫我們實現部分目標。學會提出好問題，也是優秀對話者的必備技能。這就是我們接下來要討論的問題。

07 好問題

如果你能提出好問題，你的姿態是謙虛的。你承認你不知道，想要學習。這也是尊敬別人的表現。

我有個朋友，名叫大衛．布雷德利（David Bradley）。你去找他，問他問題，他會用索引卡幫你解惑。比方說，你有個工作機會，不知該不該去，或你在考慮要不要結婚——或離婚。大約十年前，我老是覺得我一直在回應別人的要求，要我做這個那個，無法把心力集中在我認為最重要的事情上，因此我去找大衛商量，看該怎麼做才好。我提出我的問題後，大衛隨即問我三個問題：我的終極目標是什麼（你想為世界做出什麼貢獻？），我的專長是什麼（你覺得自己做什麼事情最有動力？），以及我每天的時間安排（你每天究竟做了哪些事？）。這些問題使我跳脫瑣碎的日常行程，迫使我直視人生的全貌。

我回答之後，大衛要花點時間消化我給他的答案，因此請我看一下報紙。幾分鐘後，他開始寫索引卡。我一邊看報，一邊偷瞄他在寫什麼。大約過了十分鐘或十五分鐘之後，他把卡片擺在我面前。他在卡片上寫的，不是我想要的解答，而是一個分析框架，幫助我思考自己的問題。他把我真正想做的事寫在一張卡片上（卡片A），而把我實際做的事情寫在另一張卡片上（卡片B）。第三張卡片則是如何讓卡片B看起來比較像卡片A的策略。

自從大衛最後一次用索引卡為我解惑，已過了好幾年。我仍然把他給我的卡片放在書房的書架上，提醒自己他給我的思考框架。大衛的問題也教我走出問題的泥淖，用客觀、冷靜的角度來看問題。多年來，大衛用索引卡為好幾百個人指點迷津。聽說有人會把大衛給他們的卡片插在鏡子的邊框，每天照鏡子時提醒自己。有人甚至在拿到卡片的二十年後回來找大衛，說他的索引卡改變了他們的人生。我問大衛，為什麼那個人會這麼想。大衛說：「我們難得聽到有人這樣點醒自己。」

提問

大衛是在招募員工時學會這種技能的。他曾創立兩家成功的顧問公司，後來買下《大西洋月刊》（*The Atlantic*），並使這本雜誌起死回生。他的成功祕訣就是善於識人、用人。工作面試很容易教人看走眼。一個原因是很多人沒有識人的慧眼，另一個原因是求職者在面試時說謊。大衛能招募到人才，因為他知道把焦點放在哪裡。他在招聘時，會先看一個人是否具有「極端的才能」。他的定義很窄。如果有人說我喜歡教學，這個答案無法讓他滿意，他希望聽到求職者明確指出自己擅長的地方：例如，我喜歡寫教案，我喜歡幫學生補習，或是我喜歡一對一輔導。「每個人都喜歡做自己天生擅長的事。」他說。雖然一個人的技術範圍很窄，如能專精，也能成為個中翹楚。

其次，大衛希望能在求職者身上看到慷慨大方的精神。這個人會善待他人嗎？他還會利用「回到過去」的技巧來了解一個人的性格。大衛發現，如果你要別人談談自己，他們往往會從職涯的中點開始說。於是，他這麼問：「帶我回到你出生的時候……」如此一來，求職者就不再講述自己的職業生涯，而是述說個人生活。他可從這樣的問題了解他們如何對待別人、愛什麼人、能做什麼讓這個世界變得更好。

「我們在描述事情時會說得比較好。我們在敘事主線時，會比較自在，也能說得更完整。」大衛說。在面試時，他會特別注意求職者的高中經歷：在高中時會覺得自己是異類嗎？是否同情窮人和不受歡迎的人？「你可以確定，沒有人能逃離高中生活的影響。不管你在高中時有什麼恐懼，這些恐懼依然存在。」大衛了解一個人脆弱的地方，希望自己看到的是完整的人。

像大衛・布雷德利這樣的人很會問問題，在開會或用餐時自在的對別人提出問題。每個人不都是這樣嗎？儘管大多數的人小時候都很愛問問題，長大後則不然。孩子在兩歲到五歲之間，平均會問四萬個問題。[1]大多數的孩子都很會問問題。教育專家妮奧比・魏伊（Niobe Way）有一天教八年級的男學生如何進行採訪。她就是他們的第一個採訪對象。她說，他們可以問她任何問題。下面是一段採訪紀錄：

學生：你結婚了嗎？

魏伊：沒有。

學生：你離婚了？
魏伊：是的。
學生：你還愛他嗎？
魏伊：（深深吸了一口氣。）
學生：他知道你還愛著他嗎？他知道嗎？
魏伊：（眼泛淚光。）
學生：你的孩子知道嗎？

孩子不怕提出直接的問題。但到了童年期後期或是青春期，很多人會變得不願與人親近。我認為這是因為社會向我們傳遞這樣的訊息：我們應該壓抑情感表現，別透露個人隱私。或者社會告訴我們：如果我們向世界展示真實的自我，別人就不會喜歡我們。儘管我們提出的問題很好，可能在交流時暴露自己的脆弱。你承認你不知道。在一個沒有安全感、自我保護的世界，問題會比較少。

在我的探索之旅中，我開始密切注意哪些人很會問問題，哪些人則拙於提問。根據我的估計，與我來往的人當中，大約有百分之三十天生就很會問問題。你們共進午餐或是在Zoom 視訊會議，他們會對你好奇，並提出一連串的問題。至於其他百分之七十的人也許很討人喜歡，但不善於提問。在談話時，他們只講自己的事。有時，我離開聚會時發現：「今天，從頭到尾，沒人問我問題，一個問題也沒有。」

問簡單的問題

我不知道自己是否天生就會問問題。其實，我是別無選擇，不得不問。我在新聞界工作了四十年，問問題就是這一行的核心。我的第一份正職是芝加哥市新聞局警政線記者。上班第一天，我接到兩個任務。一個少年自殺身亡，我得打電話給這孩子的鄰居，問他們是否知道自殺原因。一個市政府官員車禍死亡，我得採訪他的遺孀。我討厭這些事。打從那天起，我就很難完全認真的看待「新聞倫理」。在這段短暫的工作經歷中，我得打破沉默的障礙。我訓練自己走到陌生人面前問他們問題，明知他們會不舒服，我還是得問。

我學到一點：有時，最簡單的問題就是最好的問題。在我一生中，讓我最值得驕傲的採訪是在莫斯科。那時是一九九一年，坦克開到街道上，整個城市陷入混亂，民主改革運動人士和蘇聯守舊派展開生死搏鬥。我遇見一個九十四歲的老太太，她名叫瓦倫蒂娜．柯西耶娃（Valentina Kosieva）。我問起她的人生故事。她告訴我，她的家人在一九〇五年的大屠殺被哥薩克人槍殺；一九一七年革命，她差點被行刑隊處決；一九三七年，警察突然衝進她家，抓走她的丈夫，把他送到西伯利亞，從此音訊杳然；一九四四年，她兒子被納粹活活打死。她的一生是一連串悲劇。俄國人民遭受過的苦難，都曾降臨到她身上。我一再問同樣的問題：然後呢？

關於提問，我也從康朵麗莎．萊斯（Condoleezza Rice）那裡學到寶貴的一課。她擔任國務卿時，大約每兩個月就會請我去她的辦公室跟她聊聊。我很少報導外交政策方面的問題，對她的日常活動也不大了解，因此我問的都是些孤陋寡聞的蠢問題。最後，我問她為什麼一直找我過去。她說，正因我的問題太廣泛、籠統，讓她得以從工作的細枝末節抽身，放眼大局。有時，一個廣泛的笨問題要比一個聰明的問題來得好，因為這樣的問題有拋磚引玉之功，而非炫耀自己有多麼見多識廣。

我認為問問題是一種道德實踐。如果你能提出好問題，你的姿態是謙虛的。你承認你不知道，想要學習。這也是尊敬別人的表現。我們都自以為聰明，知道別人在想什麼。事實證明，這行不通。人與人之間的差異很大、很複雜，每個人都有自己的獨特之處。

正如心理學家尼可拉斯・艾普利所言，觀點取替是不可靠的，即使你設身處地站在別人的立場，從那個人的觀點看世界，也不一定是對的，接受和理解別人的觀點才是穩當的。如果我能了解你，不是因為我能透視你的靈魂，而是我知道提問的竅門，讓你有機會告訴我你是誰。

大問題

最糟糕的問題是帶有評判的意味：你上哪一所大學？你住在哪一區？你是做什麼的？這種問題隱含這樣的意思：「我要評判你。」

封閉式的問題也不好。提問的人對答案設限。例如，你提到你和你母親，我如果問：「你們很親嗎？」我就把你和你母親關係的描述限制在「親密／疏遠」的框架裡。你最好這麼問：「你母親好嗎？」這讓人有自由回答的空間，要深入訴說或是三言兩語帶過皆可。

堵死對話的第三個方法就是問一些含糊不清的問題，像是「最近怎麼樣？」或「你好嗎？」這種問題簡直教人無言以對。問這種問題的意思是：「我只是在跟你問好，不想聽你回答。」

謙虛的問題是開放式的，鼓勵對方掌握控制權，把談話引向他們希望的方向。問題通常是這麼起頭的：「你怎麼……」「你覺得……」「請告訴我……」以及「以何種方式……」等。凱特．墨菲在《你都沒在聽》這本書中，描述一個焦點小組的主持人想了解為什麼有人會在半夜去商店買東西。她不是問：「你為什麼會在半夜跑出去買東西？」因為這樣聽起來好像你在做什麼奇怪的事，而是說：「請告訴我，你上次在晚上十一點之後出去買東西的經驗。」[2]一個害羞、先前幾乎沒說過什麼話的女人舉手說：「上次是在我抽了大麻之後，我想來個3P——就是我、班和傑利。」由於主持人提出一個開放性的問題，這個害羞的女人就超越去商店買東西的話題，大膽講述自己的樂事和狂野的生活。

有時，你去鄰居家烤肉或參加一項與工作有關的聚會時，遇見你完全不認識或幾乎不認識的人。在這種場合之下，照亮者會問一些問題，尋找共通點。我學會問這樣的問題：「你在哪裡長大的？」這會讓人談起自己的家鄉。我因為工作的關係常常出差，所以可能知道他們家鄉的一些事情。在對話開頭，其他簡單的問題如「好名字！你父母怎麼取的？」這樣的問題很快會導引到文化背景和家族史。這些對話通常會往好的方向發展。

幾年前，我在一次聚會和一個陌生人聊了起來，很快就發現了我們的共通點。我們都是作家，只是他寫的是小說，我寫的是非虛構類的作品。我們談到彼此寫作過程的異同。他問我：「你寫東西的時候會喝酒嗎？」我說，不會，我在寫作時，頭腦必須很清楚。接著，他問，我寫完會喝一杯嗎？我說，會，寫完的時候可能會喝。他問為什麼。我告訴他，寫非虛構的文章，我必須非常專注、有紀律，因此寫完後，常覺得需要放鬆一下。他則說，他寫小說會放縱自己，宣洩情緒，寫完後才需要把自己拉回來。儘管都是寫作，做法卻完全相反，我們的交流讓我想到工作如何形塑一個人的處世方式。如果我是小說家，或許我的情感會比較自由奔放。

這樣的對話基於一個突如其來的問題和我們的共通點。我們相互探索，利用彼此的經驗來了解對方和自己。

其他時候，在晚宴或度假會議上，周遭的人都是你很熟或是想要熟悉的人。在這種情況下，照亮者會提出大問題。在餐桌上閒話家常，共度歡樂時光，是件容易的事，但如果有人提出一個值得深思的大問題，則會教你難忘。最近，我和一位政治學家共進晚餐。他放下叉子，對我們這四個與他同桌的人說：「我已經八十歲了。我該如何度過最後的歲月？」他謙虛的提出這個重要的問題。其實，他是在探詢年老的藝術，老去的最佳方式。於是，我們問他的價值觀，他在未來研究想問的問題，以及人該如何度過餘生。這種對談是很棒的體驗。

大問題會迫使我們中斷日常瑣事，後退一步，從遠處看自己的人生。下面是我認為很有意思的一些大問題：

- 「你正走到什麼樣的十字路口？」無論何時，大多數的人都處於某種轉變當中。這個問題可幫助我們聚焦於自己的變化與選擇。
- 「如果你無所畏懼，你會做什麼？」大多數的人都知道恐懼對自己的生活有何影響，但不清楚恐懼如何阻礙自己前進。
- 「如果你今晚死了，會後悔沒做什麼？」
- 「如果我們一年後重聚，會慶祝什麼？」

- 「如果未來五年是你人生的下一章，這個篇章的內容為何？」
- 「你能在你所在的地方做自己，同時融入群體嗎？」

彼得．布洛克（Peter Block）是作家，也是管理顧問，主要在書中探討社區發展與公民參與的問題。他很會提問，他提出的問題能讓你擺脫習慣和常規，重新審視自己。以下是他提出的一些問題：「你一直拒絕、拖延的原因是什麼？」「你本來已不再相信，現在又重新支持的事情是哪些？」「你一直不肯原諒的事情是什麼？」「對你想要解決的問題，你做了哪些努力？」「你可是有未能發揮的才華？」[3]

前一章提到的記者莫妮卡．古斯曼也曾提出這樣的問題：「為什麼是你？」「為什麼是你開創了這個事業？」「為什麼你覺得應該當仁不讓，出來競選校董？」[4]

幾年前，我認識了一些人，他們創了一個重生計畫，在芝加哥幫助幫派成員改過自新。這些年輕人一直活在暴力和創傷之中，往往會被激發出過度反應。這個計畫的主任常問他們這樣的問題：「為什麼這是個問題？」換句話說，主任是在問：「你會有這麼激烈的反應，是因為過去遭遇到什麼樣的事？」

我們常常認為深入的對話會很痛苦或是會暴露自己的脆弱。關於這點，我認為可用正面的問題來彌補。

- 「告訴我你曾如何適應變化。」
- 「對你目前的生活，你最滿意的是什麼？」
- 「你對什麼最有自信？」
- 「就視覺、聽覺、觸覺、味覺、嗅覺這五種感覺，你覺得自己哪一種最靈敏？」
- 「你曾獨處而不會覺得孤獨嗎？」
- 「年齡漸增，你覺得什麼變得愈來愈清晰？」

保持好奇心

在現代社會，我們一般不會問這種大問題。我想，這是因為我們怕侵犯到別人的隱私，擔心話題變得過於沉重。這種擔心是合理的。但是我發現，幾乎在所有的情況下，我們都不敢太主動，我們過於羞怯，不敢提出這樣的問題。其實，一般人比你想的更渴望深入交談。

在為這本書做研究的過程中，我採訪了很多人——研討會主持人、在會議中引導對話者、心理學家、焦點小組主持人、傳記作者和記者——他們的工作就是發問，以了解別人的生活。我問這些專家，是否常常有人會回過頭來，對他們說：「關你屁事。」我諮詢過的每位專家異口同聲的說：「幾乎沒有。」人們一般渴望別人來問關於自己的問題，分享自己的經歷和感受。心理學家伊森．克洛斯（Ethan Kross）指出：「人想要表達自己，這種需求非常強烈。」[5]哈佛大學神經科學研究人員在二〇一二年進行的一項研究發現，[6]比起獲得金錢，訊息分享能帶給人更大的快樂。[7]比利時心理學家伯納德．里梅（Bernard Rimé）發現，人特別願意談負面經驗，愈是負面，會愈想談。

在我的記者生涯中我也發現，如果你客客氣氣的向人探詢，請他們說說自己的事情，他們坦率的程度恐怕會教你嘆為觀止。史塔茲．特克爾（Studs Terkel）是記者，他在芝加哥那段漫長職業生涯中蒐集了大量口述歷史。他會提出大問題，然後靜靜坐著，讓回答湧現。「傾聽，傾聽，傾聽，傾聽，如果你真的用心傾聽，對方就會開口，」他曾說：「他們總是會說的。為什麼？因為在他們的一生中，從來沒有人好好聽他們說話。也許，他們甚至從未傾聽自己。」

每個人都是一道謎。當你被謎團包圍時，正如諺語所說，最好保持好奇心，用提問來過生活，不斷找尋答案。

第二部

我看到了你的磨難

08

盲目是一種傳染病

基本道德技能的缺乏導致人際關係的崩壞、疏離，也產生默許殘忍行為的文化。

人際關係的危機來了。

到目前為止，我描述的是認識、了解一個人的過程，好像我們都生活在正常的情況下，有如我們活在健康的文化環境，在連結緊密的社群裡，被友誼、信任與歸屬的網絡包圍。然而，我們不是活在這樣的社會。我們活在充滿政治對立的環境、沒人性的科技世界和裂解的社會之中，人與人之間的關係遭到破壞、友誼受到考驗、關係生疏、互相猜忌。

我們活在危機年代——情感、人際關係和精神都出現嚴重危機。彷彿整個社會的人都失去互相了解的能力，對彼此視若無睹，因此產生殘酷和孤立的文化。

自從邁入二十一世紀，憂鬱症發病率不斷飆升。[1]從一九九九年到二〇一九年，美國自殺率上升了百分之三十三。[2]從二〇〇九年到二〇一九年，自述「持續感到悲傷或絕望」的青少年比例從百分之二十六上升到百分之三十七。到了二〇二一年，這個比例攀升到百分之四十四。[3]自一九九〇年到二〇二〇年，表示沒有親密朋友的美國人比例增加了四倍。在一項調查中，百分之五十四的美國人說沒有人了解他們。沒有愛侶相伴的美國成年人增加了三分之一。[4]更重要的是，百分之三十六的美國人自述自己經常或幾乎一直感到孤獨，其中包括百分之六十一的年輕人和百分之五十一的年輕母親。很多人大多數時間都是自己一個人。二〇一三年，美國人每週平均有六．五個小時會跟朋友在一起，[5]到了二〇一九年，每週和朋友相處的時間平均只有四個小時，下降了百分之三十八。到了二〇二一年，新冠疫情漸漸緩解之時，美國人每週和朋友在一起的時間平均只有兩小時四十分鐘，又下降了百分之五十八。美國的社會概況調查（General Social Survey）請人民就自己的幸福程度進行評分。從一九九〇年到二〇一八年，自評幸福感最低的那群人，比例增加了百分之五十以上。6

這些都是統計數字。但在日常生活中，我們都遭遇過孤獨、悲傷和焦慮。似乎幾乎每個星期，我都會遇見為孩子心理健康不佳憂心忡忡的家長。二〇二一年，有一次我在奧克拉荷馬演講，在演講後的問答，一位女士把問題寫在索引卡上傳給我：「如果你不想活了，你會做什麼？」這個問題陰魂不散的糾纏著我，尤其是當時我不知道該如何回答她。第二天晚上，我參加了一場餐會，有個客人說，她哥哥幾個月前自殺，我也提到那個讓人困擾的問題。後來，我跟一群朋友在 Zoom 聊天室時重述這些事件，聊天室裡幾乎有半數的人都說，自己的家人曾想自殺。

人際關係崩壞

大約從二〇一八年開始，和憂鬱、人際關係崩壞有關的書相繼出版，如《照亮憂鬱黑洞的一束光》（*Lost Connections*）、《連結危機》（*The Crisis of Connection*）、《孤獨世紀》（*The Lonely Century*）等。這些書籍用不同方式顯現同樣的謎團：我們最需要的是人際關係，而似乎最容易搞砸的，也是人際關係。

人際關係崩壞的影響是毀滅性的，而且會變本加厲。社交斷裂會扭曲人的心靈。如果一個人覺得沒有人看見自己，[7]自己的存在就像空氣，就可能會把自己封閉起來，不跟人互動。如果一個人覺得孤獨、被忽視，就會懷疑別人，別人明明沒有惡意，也覺得自己被冒犯。他們最需要的就是與他人親密接觸，卻最害怕這件事。他們遭到一波波自我厭惡和自我懷疑的襲擊。畢竟，意識到自己顯然不值得別人關注會讓人覺得可恥。很多人因為孤獨而變得麻木不仁，活在自我欺騙的世界裡。「孤獨使人迷惑，」跨領域科學家喬凡尼．弗契多（Giovanni Frazzetto）在他的書《在一起，更親密》（*Together, Closer*）寫道。「孤獨成了一種欺騙的過濾片，我們透過這樣的濾片看自己、他人和世界。我們因而在被拒絕時更容易受傷，在社交場合提高警惕，不安全感也更強。」[8]我們會用別人的視角來看自己，一旦覺得自己被忽視，就容易崩潰。

最近，我問一位出版界的朋友，現在哪一類書籍賣得最好。她說，心靈療癒的書，又說，現在人們想要找到療癒創傷的方法。精神科醫師貝塞爾．范德寇（Bessel van der Kolk）的著作《心靈的傷，身體會記住》（*The Body Keeps the Score*），就是當代最暢銷的書。這本關於創傷和療癒的書已賣了數百萬冊。范德寇寫道：「知道生命中重要的人看到自己、聽到自己，能讓我們覺得平靜、安全……如果被忽視或漠視，就可能引發憤怒或是造成精神崩潰。」[9]

悲傷、不被認可和孤獨會使人憤世嫉俗。如果我們認為自己的身分不被認可，就會覺得不公平——事實的確如此。遭受不公平的人往往會大發雷霆，想辦法羞辱那些他們認為羞辱自己的人。

孤獨會使人變得卑鄙。俗話說，痛苦不轉化，就會傳染。先前提到的社交孤立和悲傷的問題，這些數據也伴隨敵意和冷酷無情等數據的升高。這一點也不奇怪。二〇二一年，仇恨犯罪的事件飆升到十二年來的新高。[10]二〇〇〇年，約有三分之二的美國人會捐錢給慈善機構；到了二〇二一年，剩下不到一半的人願意這麼做。[11]一家餐館老闆最近告訴我，最近每個星期都會碰到粗魯的客人，不得不把這樣的人列入黑名單，拒絕他們再上門。以前很少有這種事。我的一個朋友是護理長，她說現在最大的問題是留不住人。她的護理師都想辭職，因為現在病人會辱罵醫療人員，甚至有暴力傾向。正如專欄作家佩姬・努南（Peggy Noonan）所言：「現在的人會為自己的尖酸刻薄感到驕傲。」

信任危機

人際關係崩壞會產生不信任的危機。六十年前，大約百分之六十的美國人會說：「大多數的人是可以信任的。」到了二〇一四年，根據社會概況調查，只有百分之三十．三的人認為如此，而出生於八、九〇年代的千禧世代，只有百分之十九的人相信大多數人是可以信任的。[12]法蘭西斯．福山（Francis Fukuyama）說道，高信任度的社會具有「自發的社會性」（spontaneous sociability），能迅速的聚集，一起努力。低信任度的社會則缺乏這個特點，容易分裂。

不信任會帶來不信任，讓人覺得你唯一可以依靠的人就是你自己。不信任別人的人會認為別人會傷害自己，誇大威脅，用陰謀論來解釋自己感受到的危險。

每個社會都具有哲學家阿克塞爾．霍奈特（Axel Honneth）所說的「認可秩序」（recognition order）。這是給予某些人尊敬和認可的標準。在我們的社會中，我們高度認可擁有美貌、財富或出身名校的人，致使無數沒有這種條件的人感覺被忽視、不被認可、被冷落。個人生活的危機最終會體現於政治。根據美國企業研究院（American Enterprise

Institute）萊恩．史崔特（Ryan Streeter）的研究，與不孤獨的人相比，孤獨的人熱中政治的可能性要高出七倍。[13] 對那些覺得自己被忽視、沒受到尊重的人來說，政治是一種誘人的社會療法。政治似乎是一個讓人可以辨別道德立場的領域，讓人得以根據自己的價值觀來選擇支持或反對某些政治觀點。我們是光明之子，跟黑暗之子勢不兩立。政治給人一種歸屬感。我與我同一族的人站在路障前面。政治似乎給人一個道德行動的舞台。在這個世界，不是給飢餓的人食物或是跟寡婦坐在一起才是有道德的人。你只需當個自由派或保守派，對你認為可鄙之人發火，就代表你是一個有道德的人。

在過去十年，一切都染上政治色彩。教會、大學、運動賽事、食物的選擇、電影頒獎典禮、深夜脫口秀節目——這些都成了政治舞台。但這並不是一般人了解的政治。健全的社會產生分配政治。社會資源應該如何分配？不健全的社會產生認可政治。現在，政治運動主要是怨恨引發的。一個人或一群人覺得社會對他們不尊重或不承認他們。政治人物或媒體人的目標就是製造事件，讓自己人獲得肯定，敵對者受到侮辱。實施認可政治的人不是想要制定國內政策，或是要解決社會弊病，只是要維護自己的身分和立場，獲得地位和知名度，自命不凡。

然而，政治認可其實無法給你帶來社群和人際關係。即使我們加入黨派，也不一定會見面，互相幫助或是建立友誼。政治不會讓你變成一個更好的人，政治只是外在煽動，無關內在成形。政治不會讓人更有人性或是更具同情心。如果你想要用政治來緩解你的悲傷、孤獨或無助，只會讓你來到一個充滿權力鬥爭的殘酷世界。你也許想要逃離一個孤立、缺乏道德意義的世界，卻發現自己陷入將一切摧毀殆盡的文化戰爭之中。

最後，瀰漫在社會的悲傷和冷酷導致暴力，包括情感暴力和身體暴力。看看很多犯下槍擊屠殺案的年輕人。他們就像幽靈。在學校裡，沒有人認識他們。後來，記者採訪他們的老師時，這些老師通常也不記得教過這些學生。這些年輕人通常欠缺社交技能。為什麼沒有人喜歡我？正如一位研究人員所述，他們不是孤獨者，而是社交挫敗者，因而與社會格格不入。

被拒絕的愛會變成仇恨。壓力與日俱增：成績差、工作表現不佳、遭到他人羞辱。於是，這些年輕人萌生自殺的念頭。他們似乎在絕望中產生自我認知的危機：是我的錯，還是這個世界的錯？我是失敗者，還是他們是失敗者？

自此，受害者走上歹路，成為惡人。那些槍擊屠殺案的凶手認為自己是超人，這個世界上的人就像螞蟻，密密麻麻。他們決定透過自殺來獲得自己最渴望的東西：一舉成名，成為家喻戶曉的人物。他們編造了一個自己是英雄的故事。槍枝似乎也有某種心理作用。對那些一輩子都感到無能為力的人來說，槍枝能給他們帶來一種虛幻的力量。槍就像樹上的毒蛇，對孤獨者低語。

二〇一四年，作家湯姆．儒諾（Tom Junod）在《君子》（*Esquire*）雜誌刊出他訪問一個年輕人的文章。這個年輕人的綽號叫「後車廂」，據說他被逮捕時，警方發現他的後車廂裝滿了槍枝。他本來想大開殺戒，但在動手前就被抓了。儒諾後來問他的動機，他答道：「我想引起注意。如果有人走過來對我說：『你不必這麼做，即使你沒有這種奇特的力量，我們也會接受你。』我就會崩潰、放棄。」[14]邪惡的本質就是抹殺別人的人性。

法國記者吉恩．哈茨菲爾德（Jean Hatzfeld）在寫《開山刀的季節》（*Machete Season*）一書時，採訪參與盧安達大屠殺的人。有個人殺死自己的老鄰居。「在我奪走他生命的那一刻，我看到的不是過去的他。」[15]此人回憶說。在他揮刀的前幾秒，鄰居的臉變得模糊不清。「雖然他的五官確實像我認識的那個人，但我完全想不起來我們有一段很長的時間常在一起。」他真的沒看到他的老鄰居。

道德問題

為什麼這種孤獨和凶惡在近二十年愈來愈流行，這種社會結構的崩壞愈來愈嚴重？每個人都可以指出原因：社群網站、日益加劇的不平等、社區生活的參與度下降、上教會的人變少了、民粹主義和偏見抬頭、媒體和政治精英的惡毒煽動。

我同意，這些因素造成我們今天面臨的困境。但經過一段時間，我愈來愈關注造成社會與人際關係危機更深層的原因。我認為，我們的問題，歸根結柢，是道德問題。我們的社會沒教我們以仁慈、慷慨和尊重對待彼此。

我知道「道德培養」也許聽起來是陳腔濫調、了無新意，但道德培養其實是指三件簡單而實際的事情。首先，這是關乎人們如何克制自己的私欲，多為別人著想。第二，讓人找到使命感，過著穩定、有目標、有意義的生活。第三，讓下一代學習基本社交和情感技能，他們才知道善待別人、體貼身邊的人。

幾百年來，學校反映了社會的種種弊端——種族主義、性別歧視以及其他的一切。儘管有這麼多的缺失，但教育確實把重心放在道德培養上。教育人士認為，他們的首要任務是培養有品德之人，誠實、溫和且尊重周遭的人。然而，自從第二次世界大戰之後，教育的重心漸漸轉移，不再重視道德培養。教育史家B．愛德華．麥克萊倫（B. Edward McClellan）在《美國道德教育》（*Moral Education in America*）論道，美國大多數的小學在上個世紀四、五〇年代開始放棄道德教育，「到了六〇年代，道德教育已全面撤退。」又說：「教育人士曾致力於為學生塑造良好的品格，且引以為榮，現在則更重視學生的SAT分數，而中產階級父母爭相把孩子送到升學成果優良的學校，讓孩子有最好的機會可以進入最有名的學院或大學。」

隨著學校愈來愈重視學生未來的成功，就不再擔心能否培養出體貼他人的學生。正如美國頂尖品德教育學者詹姆斯．杭特（James Davison Hunter）所言：「美國文化的缺失愈來愈明顯，因為這樣的缺失，我們無法讓孩子具有超越自我及一己福祉的道德視野。」教會曾發揮這樣的作用，但在美國的生活中，教會的角色已漸漸式微。父母開始實行「接納式的教養」，不再用心塑造孩子的道德生活，比較重視孩子在學業和體育方面的表現。

從某個方面來看，美國文化變得輕忽道德。在美國人的生活，道德言論和道德範疇不再重要。根據Google的圖書詞頻查詢工具（Ngram Viewer），在二十世紀，與道德有關的詞彙在書籍中出現的頻率愈來愈低：如「勇敢」（下降百分之六十六）、「感恩」（下降百分之四十九）和「謙虛」（下降百分之五十二）。加州大學洛杉磯分校研究人員長期對即將進入大學的新鮮人進行調查，詢問他們的人生目標。在一九六六年，幾乎百分之九十的學生說，他們想要擁有有意義的人生哲學，這就是多數學生追求的人生目標。到了二〇〇〇年，只有百分之四十二的學生這麼說。大多數學生認為最重要的人生目標是生活富裕。二〇一五年，百分之八十二的學生表示，他們上大學是為了畢業後能賺更多的錢。二〇一八年，美國民調機構皮尤研究中心（Pew Research Center）詢問美國人，人生的意義來自哪裡，只有百分之七的美國人說是幫助他人，且只有百分之十一的人表示，學習是人生意義的來源。[16]

簡而言之，包括我自己在內的幾代人，都沒能學到了解和尊重他人的技能，也就不知如何了解他人的深度和尊嚴。基本道德技能的缺乏導致人際關係的崩壞、疏離，也產生默許殘忍行為的文化。我們無法在日常生活的點滴互動善待他人，這種無能會擴散、轉移，造成可怕的社會崩壞。這是文明的大失敗。我們必須重新尋找傳授道德和社會技能的方法。這個危機就是激發我寫這本書的動機。

09 艱難對話

對話之所以艱難，因為生活環境不同的人建構出來的現實截然不同。這不只是因為他們對同一個世界有不同的看法，還因為他們看到的是不同的世界。

有鑑於社會分裂日益嚴重，我開始走訪各地。我的工作就是在全國各地明察暗訪，了解現況。過去幾年，我跟大多數人的對話溫暖、美好，但在這個充滿怨懟和不信任的時代，很多對話氛圍變得困難、緊張、怒氣僨張。在南卡羅萊納的格林威爾（Greenville），我和一位黑人老太太共進晚餐。她義憤填膺，為年輕黑人女性打抱不平。她說，她是一九五〇年代在這裡長大的，在七十幾年後的今天，黑人女孩的處境比她少女時代更糟。在一場棒球比賽，我的反川普立場刺激到一個川普的狂熱支持者，口沫橫飛的對我破口大罵：「你他媽的混蛋！你他媽的混蛋！」大約在一年前，我跟我太太在新墨西哥州，接受一個原住民家庭的熱情款待。不料，席間這一家的女性大家長看到我們兩個白人，就板著一張臉。後來，坐在客廳時，她終於忍不住怒火，為族人遭到的不幸叫屈。我曾在南達科他州跟一位七十歲的長者聊天。他是工人階級，也是川普的支持者，他告訴我他人生最難忘的一天。那時，他三十四歲，在一家工廠當領班，因為工廠設備升級，他的技術不足以勝任這份工作，所以就被解雇了。於是他把私人物品放在一個箱子裡，打算悄悄離開。一走出辦公室，發現所有員工——約有三千五百人——排成兩列，從辦公室門口一直排到停車場他車子停放的地方。所有人夾道鼓掌送他一程，也為他歡呼加油。他告訴我，自從被解雇，這三十六年來，他換了不少工作，但愈換愈糟，他和太太也離貧困愈來愈近。這就是下坡路人生的淒涼寫照。

因為我在《紐約時報》、《大西洋月刊》、公共廣播公司等媒體工作，有些人把我看成東岸精英的代表，壓垮他們的就是我們這種人代表的制度。我明白這點。我們這些在主流媒體和更大的社會文化機構中的人講述的故事不包括你的時候，你會覺得迷失而且有被剝奪感。比方說，社會是一面鏡子，你照著鏡子，卻發現自己不在鏡中。在這種情況下，你自然會憤怒。

在本書的第一部，我從個人層面討論，在正常、「健康」的情況下，兩個人相遇時，需要看到別人以及被看見的技能。你可以把這個部分看成人與人之間如何互相了解的大學課程。

但是人與人的相遇，不只是一個獨特的個體遇見另一個獨特的個體，也不一定是在健康的社會環境之中。我們可能是在孤立、不信任的氛圍中遇見彼此。我們也可能是以群體的身分相遇，而且我們相遇時可能分屬兩個權力不對等的群體。我們在一個紅藍對峙的社會中相遇，我們壁壘分明，隔著怨恨和誤解的牆，怒目相向。我們背負著歷史包袱相遇——奴隸制、精英主義、性別歧視、偏見、偏執、經濟和社會的支配或統治等。如果你假裝看不到意識型態、階級、種族、信仰、身分或其他充滿爭議的社會類別，就無法了解另一個人。

現在，如果你想深入了解一個人，你不但要把眼前這個人看作是一個不可能重複的獨特個體，也要知道此人屬於哪個群體。你還得看到這個人在社會上的位置——是局內人、局外人、在社會頂端或是在邊緣。要做到這點，你可從三個層面來看。這種互相了解可說是研究所水準的教育，也就是我們現在要來探討的。如果第一部的目標是幫助你從個人層面了解一個人，第二部的目的就是使你在這個艱困時期、在社會紛爭和激烈衝突之中，了解他人並陪伴在他們身邊。

分歧

現在，關於艱難對話，我已有不少經驗。我所說的艱難對話，是指在存在多種差異及權力不平等的情況下的對話。這種對話可能是家人之間的對話，由於支持不同黨派、政治立場不同，對話時就很容易撕破臉。也可能是主管與員工之間的對話，主管的權威受到年輕員工的挑戰。學生發現自己活在一個支離破碎的世界而憤怒。民粹主義者覺得精英階級動不動就背叛他們。這些對話往往始於猜疑、敵意和怨恨。人們也許想建立關係，但他們的交流一開始就有所保留和戒備。

有一次艱難對話讓我記憶猶新。那是二〇二二年的一場論壇，討論主題是「文化戰爭」。「文化戰爭」一詞讓我聯想到各種爭鬥，如LGBTQ性別議題、墮胎、公共場所的宗教活動、在學校課堂有關性和種族問題的教學等。那天，有位著名的黑人學者與我同台——我不會透露她的名字，因為我只想就事論事，不希望把這件事搞成私人恩怨。這位學者把「文化戰爭」看成是對呈現黑人歷史真相課程的攻擊。在她看來，文化戰爭就是白人至上主義再次抬頭。

我同意，對黑人歷史教學的攻擊是今日文化戰爭中很重要的一部分，我也同意這些攻擊通常被煽動群眾的人視為種族主義的口哨。但是我想用比較宏觀的角度來看文化戰爭的悠久歷史，看更進步與更保守的價值觀之間如何發生更廣泛的衝突，例如生活方式的自由選擇，或是在社區內維持道德觀的一致。我認為，在最好的情況下，雙方都在捍衛正當的道德傳統，表達的觀點也很合理，雖然我可能比較傾向其中一方。她反駁說，今天對黑人歷史的攻擊就像南北戰爭之後對黑人的反擊——在那個時期我們看到私刑盛行，種族隔離制度捲土重來，吉姆．克勞法（Jim Crow laws）的施行。她論道，美國每前進一步，就後退兩步，因此今天會出現這樣的情況。這就是文化戰爭。

其實，在那場論壇，我們並沒有針鋒相對。每個人都很客氣。會後，有幾位聽眾和活動策劃者告訴我，他們很失望，因為沒能看到更多精采的唇槍舌戰。但我一直感覺到我們之間的情感暗流洶湧澎湃。後來，有好幾個人跟我提到，每當我講到文化戰爭的宏觀背景，她都擺著一張臭臉，對我講的東西表示不屑。我想，在她眼裡，我只是個搞不清楚狀況的白人，從中性的、三萬英尺高的視角看問題，無法了解她每天都活在激烈的文化鬥爭之中。這種看法，至少有一部分是對的。

所有的對話都涉及某種權力關係。在那場論壇，她可能認為我是擁有權力的人，我是精英媒體的一分子，而她是積極為正義抗爭的學者。我代表受益於制度的人，但還有很多人被同樣的制度壓榨、迫害。儘管如此，我卻覺得無能為力，惶恐不已。我是白人男性，正與一位黑人女性討論種族問題。這位女性在她輝煌的學術生涯中，不斷的撰寫、思考這個問題。我有表達意見的權利嗎？我開始淡化自己的論點。我局促不安，心煩意亂，不知所措。

這次對話非常艱難，我無法好好導引。結束時，我覺得我該設法多了解她的觀點，我也該多堅持自己的觀點、闡明解析，探討我們之間可能存在的分歧。

如何開口就說對話

在過去幾年，尤其在那次論壇之後，我一直在研究艱難對話。就這個問題，我向專家請益，也讀了不少相關書籍，我最喜歡的幾本是亞曼達・瑞普立（Amanda Ripley）的《修復關係的正向衝突》（*High Conflict*）、莫妮卡・古斯曼的《我從未那樣想過》，尤其是凱瑞・派特森（Kerry Patterson）與喬瑟夫・葛瑞尼（Joseph Grenny）、朗恩・麥米倫（Ron McMillan）、艾爾・史威茨勒（Al Switzler）合著的《開口就說對話》（*Crucial Conversations*）。

我學到的第一件事是，在進行任何艱難對話之前，你必須先考慮情況，再來想你要說什麼。對話會在什麼樣的情況下進行？如果你是受過高等教育的專業人士，要去某一家高級飯店參加會議，你大可做你自己。但是，你如果是只有高中學歷、來自西維吉尼亞州的卡車司機，你必須敏於察覺會場氣氛，仔細選擇要表現出自己的哪一面。你若屬於主流或多數群體，別人怎麼看你以及你怎麼看自己，通常幾乎沒有差別。然而，如果你來自被邊緣化的群體或長久以來被壓迫的群體，你是誰以及別人如何看待你通常存在著鴻溝。所有人在進行艱難對話時，都必須注意這種互動。如果我在一家豪華酒店的會議上遇見一位卡車司機，我會真正對他的工作好奇。我會盡量讓他知道，在我面前，他可以放心做自己。

我參加那場討論文化戰爭的論壇時，也就走進四百年來美國的種族關係。由於我的工作以及身為美國白人享有的種種優勢，社會會提高我的能見度。至於我的與談人，由於她是黑人女性，社會會降低她的能見度。我倆的相遇，就是高能見度碰上低能見度。儘管她是傑出學者，情況大抵不變。

雷夫．艾里森（Ralph Ellison）在《隱形人》（*Invisible Man*）一書開頭深刻的表達因為種族被人視若無睹、聽若無聞，也無人了解的悲哀。[1]「你知道嗎？我會變成隱形人，只因為別人拒絕看到我，」沒有名字的敘述者說道。「我彷彿被堅硬、扭曲的鏡子包圍。一旦有人走過來，接近我，只看到我周圍的東西、他們自己或他們想像的碎片。其實，他們可以看到任何東西，只是看不到我。」艾里森描述這麼一個人想要知道「我是否只是別人心中的一個幻影」。如果你處於這種境地，「你會很想說服自己，你確實存在於一個真實世界，你是所有聲音和痛苦的一部分，你揮舞拳頭，你詛咒，你發誓要讓別人認出你來。可惜，似乎不曾成功。」

我學到的第二件重要的事，是每一次的對話都可從兩個層面來看，尤其是從《開口就說對話》的作者那裡學到的。這兩個層面就是表面上的對話和真正的對話。表面上的對話就是我們討論任何主題所說的話，不管是政治、經濟、職場等方面的議題。真正的對話則發生在談話時潛在的情感起伏，潛在的情感起伏是會傳遞給對方的。你說的每一句，可能讓我覺得更安心，也可能讓我更覺得受到威脅。我說的每一句，可能向你表達敬意或是不屑。我們說的每一句都揭露各自的意圖：這就是為什麼我要告訴你這些。這就是為什麼這對我很重要。這些潛在情感的交流將會決定對話的成敗。

《開口就說對話》的作者還提醒我們，每一次對話都是在某個框架當中：這裡的目的是什麼？我們的目標是什麼？框架就是對話的舞台。那次在討論文化戰爭之時，我們確實就對話框架發生爭論。我想從一個記者專業、超然的角度來分析我所看見的文化戰爭，但那位黑人學者看到的文化戰爭與我完全不同——是對基本正義的攻擊。她不想從超然的角度來分析，而是想從參戰者的角度來談。事後回想起來，我想我應該要在她的框架待久一點，而非把對話拉回我的框架。如此一來，她才會覺得受到尊重，也許還能平緩情緒的暗流。

假設你是大學行政人員，一群憤怒的學生來到你的辦公室，由於壓力的關係，要求延長期末考的考試時間。又如你是一位中年主管，憤怒的員工來到你的辦公室，抱怨公司一直還沒發布有關某項槍枝管制法規的聲明。不論是哪一種情況，你都會想要捍衛自己的立場，把對話拉回自己的框架：在我看來，情況是這樣的。這是我解決問題的方法。還有一些問題，你也許還不知道。換句話說，你會想回到自己的框架。畢竟，在自己的框架之中，你才會覺得自在。

但我們最好避免這樣的誘惑。一旦有人提到自己覺得被排斥、被背叛或被冤枉，有人向你傾訴他們的痛苦，即使你或許覺得他們在演戲或誇大其詞，也不要把對話拉回自己的框架。你要做的第一件事是站在對方的立場，盡可能了解他們眼中的世界。接下來，你要做的是鼓勵他們表達，深入了解他們剛才說的。「我想盡可能了解你的觀點。我遺漏了什麼嗎？」即使面臨壓力和困境，你也能利用好奇心去探索。

別忘了，在任何權力結構中，地位比你低的人會比你更了解情況。僕人對主人的了解要比主人對僕人的了解來得多。如果有人坐在你上面，他的一舉一動你都知道——如果你是坐在上面的人，甚至可能不知道下面有人。

在這種情況下，蘇格蘭人有一個詞很有用。這個詞就是「ken」，意指「眼界」或「理解範圍」。你可能聽過這個片語「beyond your ken」，這種說法來自水手，描述超出他們視野的範圍。[2]如果你想與某人深入對話，你就必須踏進他們的視野範圍。如果你踏進去，至少表示你想了解他。這是表達尊重最有力的方式。《開口就說對話》的作者認為，在任何對話，尊重就像空氣。[3]沒有人會注意到空氣的存在，一旦消失，大家都會立即發現空氣有多麼重要。

如果你站在別人的立場——從別人的角度看世界——所有參與對話的人都對共享知識庫有貢獻。但在困難的對話當中，往往沒有可以共享的知識庫。一個人講自己遭受的不公不義，另一個人則講述自己有哪些冤枉。再講下去，也只是更仔細描述自己的不幸，而沒有共享的知識庫。不久，就沒有人在聽了。很快就會形成「我們／他們」的對立。

在愈講愈糟、溝通不良之下，每個人的動機都會受到負面影響。例如，一家公司的兩個人為了新的行銷策略爭論。起初，兩人的意圖都很明確，全是為了公司好。然而，這兩人吵了起來，動機也就出現變化：想要吵贏，證明自己是更聰明、更厲害的一方。這時，他們就會使出下三濫的修辭伎倆，給對方貼標籤。所謂的「貼標籤」，就是把對方歸類於不好的一類：你是反動派。你是守舊派。你太「政治正確」。如果你想毀掉對話，忽視別人，貼標籤的確是個好辦法。耶路撒冷希伯來大學教授米卡・古德曼（Micah Goodman）曾告訴我：「如果兩個人認為對方錯了，為自己的觀點辯論，這是好的對話。然而，如果這兩個人認定對方有問題，把問題歸咎於對方、指責對方，那就是糟糕的對話。」

我學到的另一件事是，對話是可以彌補的。如果你發現對話的方向偏了，有些方法可以挽回。首先，你要從衝突中後退一步，和對方一起找出問題所在。你可以這麼說：「我們怎麼吵起來了？」從而打破僵局。接著，你要做的是溝通專家所謂的「拆分」，也就是澄清自己的動機不是什麼，然後說明自己的動機是什麼。你可以這麼說：「我當然不是想壓制你的聲音，不讓你表達。其實，我希望能納入你的觀點和其他觀點。但我操之過急。我應該先停頓一下，好好聽你說完，這樣我們才能從現實建立共識。對不起，剛才我對你不尊重。」

然後你必須重新確定對話的共同目的。具體做法是擴大目的範圍，涵蓋兩個人都想達成的目的。「儘管我們對行銷計畫有不同的想法，但我們都對產品很有信心，希望能讓更多人知道這樣的產品。我認為我倆都想讓公司更上一層樓。」

最後，你可以利用分歧，化危機為轉機：意見分歧也是建立深厚關係的好機會。你可以說：「剛才我們都有點情緒化，乃至對彼此發火。但至少我們都敞開心扉，表露內心的真實感受。因為我們犯的錯，因為我們都很激動，反而有機會更了解彼此。」

這些年來，我發現對話之所以艱難，是因為生活環境不同的人建構出來的現實截然不同。這不只是因為他們對同一個世界有不同的看法，而是因為他們看到的是不同的世界。

認知差異

讓我最後再用簡要的認知科學研究來說明這個關鍵點。維吉尼亞大學的心理學家丹尼斯．普羅菲特（Dennis Proffitt）是研究感知的專家。他想知道人如何建構自己的現實，有時是很基本的東西。例如，他對一個令人好奇的現象進行廣泛研究。我們通常會高估山丘陡峭的程度，[4]即使是在舊金山這個坡度很陡的城市。普羅菲特在實驗中請幾組學生估計維吉尼亞校園山丘的坡度。校園裡有個小丘實際坡度是百分之五，但參與實驗的學生估計坡度為百分之二十。有一天，普羅菲特看最近一批實際數據，赫然發現學生的估算變得精確多了。普羅菲特教授及其研究團隊深入調查這個謎樣的現象，發現參與最近一次實驗的是維吉尼亞大學女子足球校隊的成員。她們覺得小丘沒那麼陡，因為她們是國家大學體育協會認定為第一級（最高層級）的優秀運動員，走上坡度為百分之五的小丘一點也不費力。你如何看待一個情況，取決於你面對這個情況的能力。

自從普羅菲特發現這個現象之後，[5]他和其他研究人員一再看到同樣的現象。跟沒有背背包的人相比，背著沉重背包的人感覺山丘坡度較陡，因為背著背包往上爬比較吃力。剛喝過能量飲料的人，與沒喝的人相比，看到的坡度比較平緩。一邊聽悲傷音樂（馬勒《第五號交響曲》第四樂章小慢板），感覺坡度較陡，聽輕快的樂曲則覺得好爬。體重過重的人會覺得路走起來更遠。在棒球比賽中，打擊手狀態良好，投手投過來的球看起來比較大。網球選手如果打得順，也會覺得對方發過來的球似乎變慢了，比較好應付。

普羅菲特和德瑞克·貝爾（Drake Baer）在後來合著的《感知力》（*Perception*）一書中寫道：「我們會把個人的心理體驗投射到世界中，誤以為我們的心理體驗就是現實世界，不知感知其實是由感官系統、個人史、目標和期望塑造出來的。」[6]

普羅菲特的研究建立在心理學家詹姆斯·吉布森（James J. Gibson）提出的早期理論

上。[7]一九四二年，美國陸軍航空隊找上研究視覺感知的吉布森，問他一些基本問題：飛行員如何使飛機降落？如何能使他們做得更好？吉布森說，我們來到一個地方時，會尋找採取行動的機會。我要如何適應這種狀況？我能在這裡做什麼？在這種狀況下，有哪些可能性？用吉布森的語言來說，我們看到了「可供性」（affordances）——也就是環境和物品能提供給人（或動作）的意義和價值。與一個拿著矛的獵人相比，拿著槍的獵人看到的視野更加廣闊，因為他的行動範圍更大。拿著槍的警察要比拎著鞋子的警察更能看到其他拿著槍的人，這也就是為什麼百分之二十五的警察槍擊事件涉及了手無寸鐵的嫌疑人。普羅菲特和貝爾一針見血的指出：「我們感知的世界，不是世界的本來面目，而是這個世界對我們顯現的面目。」[8]

我第一次讀到「可供性」時，並不覺得這個概念有什麼了不起。後來發現，無論走到哪裡，我隨時都透過「可供性」來看每個地方。我們會不知不覺的問自己：在這種情況下，我的體力、智力、社會和經濟能力能讓我做什麼？如果你、我和一群人去爬山，即使是同一座山，每個人看到的山會因自己的體能狀況而有所不同。富人和窮人眼中的尼曼馬庫斯百貨公司截然不同，因為富人有購買力，想買什麼就買什麼，窮人則什麼都買不起。

我在耶魯大學教書時，學生看到的校園和紐哈芬當地居民看到的大異其趣。學生能在校園裡上課、利用學生證進入學校大樓，校園看來就是由不同建築物組成的集合體，每一棟建築都有其用途和可能性。反之，校外人士不能在這裡上課，也不能進入大部分的大樓，這個校區看起來比較像是個莊嚴、巍峨的堡壘。我常看到附近居民在紐哈芬綠地閒晃，但我幾乎從未見過他們在耶魯校園散步，儘管校園就在對面。

艱難對話之所以必要，原因之一是我們必須問別人一些顯而易見的問題，以了解對方的觀點，例如問道：「你怎麼看這個問題？」我們的認知差異深深根植於意識底下、隱祕的心靈領域。一般來說，在我們提出問題之前，我們不知道彼此的差異有多大。

我們無法讓艱難對話變得容易。你永遠無法完全了解一個生活經歷與你截然不同的人。生活經驗千百種，我永遠不知道身為一個黑人、女人、Z世代、天生殘疾者、工人階級、新移民究竟過著什麼樣的生活。每個人都有其神祕的深度。不同文化之間有著巨大的差異，我們必須懷著尊重和敬畏之心來面對這些差異。我發現，如果你努力提升自己的能力，用心觀察他人、傾聽他人的聲音，你真的可以了解他人的觀點。我還發現，把不信任轉換成信任，互相尊重，不是不可能的事。

作家常收到充滿辱罵字眼、憤怒情緒的信件，我也不例外。我也和其他作家一樣，發現如果你以尊重和好奇的方式回覆這些電郵，對方的語氣幾乎會馬上出現轉變，突然間變得客氣、親切、更有人情味。所有人都希望有人能聽見自己的聲音。只要給他們機會，大多數的人都願意努力變得和善、體貼、寬容。很多人都渴望消弭這個社會的分裂與對立。所有對話都根植於一個基本的現實：共同的奮鬥、相同的經驗，以及共同的快樂。即使是在社會衝突和艱難對話之中，我總想起羅馬劇作家泰倫斯（Terence）那句偉大的人文宣言：「我是人類，人類的一切，我都感同身受。」

10 如何幫助絕望的朋友

跟得了憂鬱症的人做朋友很難，但這是你能做的最善良、最高貴、最好的事情。

現今，公共生活日益令人憤慨，私人生活則愈來愈淒慘。我發現自己常常和陷入困境的人交談。在這些人當中，有人因憂鬱症所苦、有人為了生活掙扎，還有一些人困在悲傷的泥淖裡。這是另一種艱難對話，跟上一章描述的嚴重衝突不同。在接下來的三個章節，我將分享如何陪伴他人度過這些考驗——包括憂鬱、掙扎和痛苦。儘管我們無法為他們解決問題，但有辦法讓他們覺得我們真的了解他們所受的苦。

憂鬱症帶給我一段最刻骨銘心的經歷，因為我的老友彼得．馬克斯（Peter Marks）身受其害。我和彼得打從十一歲就玩在一起。我們一起打籃球、壘球、參加奪旗賽、打橄欖球。我們互相調侃、惡作劇、取笑對方的舞步、揶揄彼此的戀情是爛桃花等，幾乎什麼都能玩。即使一起吃漢堡也是好玩的遊戲，我們誇張的舔嘴咂舌，像唱詠嘆調一樣讚嘆起士的美味。我們的友誼延續了五十個年頭。

我太太曾說，他是正常與非凡的罕見組合。此言可說一語中的。他正是這樣的人。他身材壯碩，充滿陽剛之氣，又極其溫柔。他是個好父親，具有無盡的奉獻精神，有幽默感，也為自己感到驕傲。他也是個好丈夫，如果你是他太太，必然心懷感激，因為這個人──全世界你最想跟他談心的人──每晚都坐在餐桌對面，和你說話。

多年來，彼得不時提到有幾個同事給他壓力，但我不是很了解，直到二〇一九年的春天，我們共度週末，我才明白他承受的一切。我太太發現他情況不對。他像燈枯油盡，語調平板，眼神呆滯。六月，一個陽光明媚的下午，他把我們拉到一邊，對我們說：他不再是他自己。其實，我們早已知道。雖然他還在做他最喜歡的事情──打籃球、在湖裡游泳──但他嘗不到快樂的滋味了。他擔心家人，也擔心自己，請求我們繼續支持他。我這才看清他的痛苦——這是嚴重的憂鬱症。一個問題顯現在我面前：你要如何幫助罹患這種疾病的朋友？我沒有答案。

我盡力了，但彼得還是在二〇二二年四月自殺身亡。這一章是根據我在《紐約時報》發表的專欄文章寫成，以記錄我從椎心刺骨的那三年和那場無謂的悲劇得到的教訓。這是痛苦教我的一課。

彼得．馬克斯

首先，我想說說彼得是怎麼樣的一個人。我們是在康乃狄克州的夏令營活動認識的，我們連續十年，每年都參加，後來更擔任輔導員，從此成為畢生摯友。彼得英俊、高大、健壯、親切，還有一股傻氣。有一次，他發瘋似的，在食堂跳來跳去，愈跳愈高，還一邊唱歌。他想跳出食堂時，由於門框頂端約莫兩公尺出頭，一不小心額頭就撞上去了，摔個四腳朝天。我們這些年僅十六歲的小輔導員都覺得很好笑。彼得跟我們同齡，他也覺得自己很滑稽。我還記得他躺在地上咯咯笑，眉毛上有一道瘀青。

有一年夏天，我和彼得帶領一支由十二、三歲的孩子組成的壘球隊，與一支由十四、五歲的孩子組成的隊伍比賽。沒想到，我們居然贏了。賽後，我、彼得和孩子們一起慶祝，我們欣喜若狂，高聲歡呼，舉手擊掌，在投手丘上擁抱，擠成一團。我們慶祝的時間甚至比比賽時間來得長——我們的自我肯定像火山爆發，這純粹的喜悅深深印在我的記憶裡。

時光飛逝，彼得上大學之後，表現得非常出色，曾在海軍服役，後來上了醫學院，成了眼科醫師。手術前一晚，彼得總是特別注意自己的作息和身體狀態，不會出門，確保自己有充足的睡眠，第二天精神飽滿的做自己熱愛的工作。白天幫病人開完刀，晚上他會打電話給病人，關心他們的情況。他太太珍以前也跟我們一起參加夏令營，因此也是我的好朋友。珍常在他身邊，聽他用溫柔、親切的聲音跟病人講電話。

表面上看來，在我的朋友圈子裡，他似乎是最不可能得到憂鬱症的人，畢竟他性格開朗、婚姻美滿、事業有成，還有兩個很棒的兒子歐文和詹姆斯。但他的童年創傷似乎比我知道的要來得多，最後他還是被憂鬱症壓垮了。

一開始，我不了解他的問題有多嚴重。其中一個原因是我的個性。有些人會把問題想得很可怕，想像最壞的情況。我傾向樂觀，認為船到橋頭自然直，總有辦法解決。另一個原因是我不知道憂鬱症創造了另一個彼得。我認為自己非常清楚彼得是怎麼樣的一個人，就算他得了憂鬱症，並沒有改變我對他的了解。

但在接下來的幾個月，憂鬱症讓我看到一個難以想像的深淵。我這才明白，我們這些沒得過憂鬱症的幸運者，無法從自己歷經的悲傷來了解這種病症。正如哲學家西西莉・懷特利（Cecily Whiteley）和喬納森・伯奇（Jonathan Birch）寫道，這不只是悲傷，而是一種會扭曲時間、空間和自我感知的意識型態。

記者莎莉・布蘭普頓（Sally Brampton）說憂鬱症是一個「冰冷、漆黑、空洞的地方。比我去過的任何地方都要恐怖，甚至比噩夢可怕」。

小說家威廉・史泰隆（William Styron）在《看得見的黑暗》（*Darkness Visible*）這本回憶錄寫道：「一般而言，憂鬱症的瘋狂和暴力恰好對比。憂鬱症也是一場風暴，卻是陰鬱風暴。一旦風暴來襲，你反應遲鈍，幾乎癱瘓，心靈能量被抑制到幾近於零……我感覺內心在抽搐。我只能形容，這是來自寒夜的絕望，超越絕望的絕望。我從來沒想過會有這樣的痛苦。」

在新冠肺炎大流行期間，我和彼得透過電話聯絡。一開始，我犯了一個錯：我告訴他如何從這種疾病復原。多年前，他曾去越南，為沒有錢看病的貧民做眼科手術。我說，由於這種義舉帶給他很大的回饋，他應該再去一次。當時，我不了解他已槁木死灰，了無生氣，什麼也不想做。後來，我才從書中讀到，當你告訴一個得憂鬱症的人如何可以好轉，其實你在告訴他，你根本不明白他的情況。

我試著用心理學家所說的「積極重塑」，提醒彼得他享有的幸福。後來，我從書上看到，由於憂鬱症的病人無法享受這些，反而會更難過。我漸漸了解，在這種情況下，朋友要做的不是加油、打氣，而是認清現實，聆聽、尊重和關愛，不離不棄。

彼得一次又一次的告訴我，他就要被恐懼吞噬，害怕他會失去專業技能，不再是治療者，他也將失去他的身分和自我。彼得談到他的病，有時似乎有兩個他，一個被痛苦籠罩，另一個則冷眼旁觀這一切，不明白發生了什麼。在他生命的最後三年，與我交談的彼得就是後者。他分析痛苦，想要找出答案，也求助於名醫。他們嘗試種種方法，但烏雲始終無法消散。有人告訴我，這種病最殘酷的一點，就是無法精準的分析痛苦。彼得只是說出大概的事實：「憂鬱症糟透了。」他擔心為我帶來負擔，不想讓我知道這種病有多恐怖。我知道，直到最後，他有很多事情沒告訴我，或者什麼也沒說。

二〇二〇年，疫情肆虐全球，人心惶惶，我也擔心我會精神崩潰。我向來認為自己是樂觀開朗的人，但那一年我常常情緒低落、混亂不安。當你交情最深的摯友正在與心魔搏鬥，在憂鬱的漩渦掙扎，你也不免沮喪，懷疑自己是否正常。

雖然我的一生都獻給文字，但我愈來愈覺得文字幫不了彼得。我真的覺得無能為力。過了一段時間，我只希望自己正常。我只想做一個隨和的朋友。對他，我一直是這樣的朋友。對我而言，他也是。我希望能帶給他輕鬆、自在，稍稍緩解他的孤獨。彼得很清楚太太、兒子很愛他，朋友也都愛他，但他就是脫離不了自我的桎梏，因此痛苦萬分。

彼得走了之後，我更加了解活在當下的力量。「如果你認識的人得了憂鬱症，千萬別問他們為什麼會得這種病，」英國演員史蒂芬・弗萊（Stephen Fry）寫道。「請耐心等待，等他們走出絕望的隧道。跟得了憂鬱症的人做朋友很難，但這是你能做的最善良、最高貴、最好的事情。」

也許，我做的最有用的一件事，是傳一段影片給他。我的友人邁克・葛森（Mike Gerson）是《華盛頓郵報》專欄作家，二〇一九年初因憂鬱症住院治療，二〇二二年十一月死於癌症併發症。他曾在華盛頓國家大教堂講道，講述自己與憂鬱症纏鬥的經過。他說：

「我們腦中有個判斷現實的儀器，憂鬱症使這個儀器故障。」接著，他談到他腦海裡迴盪一個負面、惡毒的聲音，要他上當：你是朋友的負擔，你沒有未來，沒有人會想念你。

邁克講道的影片引發彼得的共鳴，讓他覺得有人真的懂他。他也描述自己腦子裡有個霸道的聲音，一直在強迫他、攻擊他。邁克說，憂鬱的迷霧終究會消散，他也談到美和愛會像曙光乍現，提醒彼得「絕望的背面有更好的東西」。我一直向彼得保證，他也有否極泰來的一天。只是，彼得的烏雲不肯散去。

我問珍，這些年她在彼得身邊學到什麼。「我很清楚，這個人不是真正的彼得，」她說。「所以我不會往心裡去。」我希望我能給彼得更多小小的感動，哪怕只是小紙條和電子郵件，讓他知道他在我心目中的地位。傑弗瑞．魯沃夫（Jeffrey Ruoff）曾在《大西洋月刊》發表一篇文章，描述自己的憂鬱症。他說，他哥哥多年來寄了七百多張明信片給他，寄自全美五十州、中美洲、加拿大和亞洲，並在卡片上寫：支持你。無需回覆。

巴爾札克（Honoré de Balzac）寫道：「在我們的生命中，有時我們只想要朋友待在自己身邊，其他都無法忍受。然而，安慰的言語卻使傷口變得更敏感，讓人更感受到內心的痛苦。」

彼得曾提出一些理論來解釋自己為什麼會這樣。他說，這或許源於他兒時受到的虐待與忽視——以前他曾稍微提過這些事件，直到最後幾年，才透露較多細節。

他認為自己的病是生理因素造成的。他說，就像腦部惡性腫瘤，這是隨機發生的。就他的說法，我同意一些部分，但我擔心他吃太多藥了。他嘗試許許多多的藥物，不停換藥。這條治療之路彎彎曲曲，一下往東，一下往西，似乎沒有盡頭，令人沮喪。

二〇二一年，我們和彼得一家共度感恩節。這時，我只想像過去那樣對他，也希望他能像過去那樣對我。我們打籃球、玩桌遊，度過愉快的週末。我感覺到一點希望。但在那個週末拍的一張照片中，彼得面無表情的坐在沙發上，被陰影包圍。有一天下午，他拜託我太太在廚房為他禱告。他悲切的祈求希望。

專家說，如果你認識得了憂鬱症的人，可以跟他們討論自殺的問題。專家強調，通常他們早就想過這個問題，不是你給他們這個念頭。

以前，我和彼得討論這個問題時，提到他有一個很棒的家庭，太太和兩個兒子都很愛他。我和珍一樣，跟他說這一切都會過去的。然而，一年又一年過去了，所有的治療都宣告失敗，他也愈來愈沒信心。

彼得勇於冒險，懸崖跳水、跳火堆都一無畏懼。在他生命的最後三年，他更表現出無比的勇敢、驚人的勇氣和毅力，與最可怕的敵人搏鬥。分分秒秒，日日夜夜，他熬過了一千多個日子。他的動力來自對家人無私的愛。在這個世界上，他最珍惜的就是家人。

在他自殺前幾天，我們還一起吃飯。我和珍努力找話題。顯然，在回家途中，彼得心情更糟。「我怎能不跟我的老友說話？」彼得說。「布魯克斯可以跟別人說話，我就不行。」

在他生命最後一天，他在想什麼？我不知道。但我從書上看到，得了憂鬱症的人很難想像自己會好轉。我無法證明這點，但以我對彼得的了解，我相信他正在努力說服自己，自殺能幫助他的家人解脫，畢竟他帶給他們太多痛苦。儘管你心情像廢墟，如果你有這樣的想法，認為自殺能減輕家人負擔，我可以告訴你，這百分之百是錯的。

「幾乎沒有人寫過憂鬱症的荒謬，」《正午惡魔》（*The Noonday Demon*）作者安德魯．所羅門（Andrew Solomon）寫道。「我記得自己躺在床上冷得直打哆嗦，還一直哭，因為我害怕到不敢洗澡，同時我也知道洗澡並不可怕。」我想補充的是，憂鬱症是一種苦澀的謊謬。彼得是在小兒子畢業的前幾個星期結束生命的。親情、友情包圍著他，他可以付出的太多了。

謙卑面對

如果我再遇到類似的情況，我已明白，你不必苦口婆心的勸一個人走出憂鬱。你只要表明，你了解他們正在承受的痛苦，那就夠了。你可以營造一種氣氛，讓他們願意說出來。只要讓他們知道，有人看見他們，知道他們的苦，就能給他們帶來安慰。

我的朋友納特．艾迪（Nat Eddy）也陪伴彼得度過人生的最後幾年。納特最近寫信給我：「如果要幫助得了憂鬱症的朋友，盡你所能，讓朋友的太太和孩子好好休息一、兩個小時，不必擔心最壞的事（不過，你也得祈禱這種事不會在你眼皮底下發生。畢竟事情會怎樣，誰也說不準）。照你自己的原則去做就可以了。真正的友誼能帶來深刻的滿足，但也伴隨著脆弱和責任。如果假裝這些不存在，就是貶低友誼的價值。」

我覺得很難過，沒能在彼得在世的時候做到這點。我該陪他，帶給他更多安慰。我該讓他更了解他對我的意義。但我不會因此內疚。

彼得身邊不乏名醫，太太和孩子每天也都用愛陪伴他、堅持的支持他。彼得曾說，他發現跟珍說話要比跟任何醫師交談更有幫助。因此，即使我們無法改變已發生的一切，也不該覺得氣餒。每一個憂鬱症病人都是獨一無二的，都應該盡可能用愛、毅力和知識來跟病魔搏鬥。但就彼得的情況而言，病魔比他強大，也比我們都強大。

我讀了很多有關失去家人的療傷之書，卻不大了解朋友死亡帶來的悲傷。二〇二二年，我終於知道這種悲傷如何讓你痛徹心肺。在這一年，我接連失去三位好友——彼得、邁克・葛森，和我在「新聞時刻」（*NewsHour*）節目的老搭檔馬克・希爾茲（Mark Shields）——每一位好友離去都帶給我全新的打擊，教我猝不及防。

彼得的死讓我迷茫。我這一生幾乎少不了他，我以為理所當然的友誼突然消失了。彷彿我回到蒙大拿，卻突然發現所有的山都不見了。

值得欣慰的是，我不時有機會看到彼得的兒子如何因應喪父之痛。歐文和詹姆斯一直在母親身邊安慰她。彼得去世兩個月後，我大兒子結婚。珍帶著兩個兒子來參加婚禮。我非常感激，也很驚訝。在婚宴上，珍在兒子的鼓勵下與我們共舞。我們年少時在夏令營就常一起跳舞。舞蹈串起我們數十年的生活。歐文和詹姆斯那晚跳舞的身影一直留駐在我腦海裡，我也想起撫養這兩個優秀青年的父母，以及我們共有的無數回憶。

現在回想起來，我看到最重要的挑戰。每個人都會在心靈建構自己的現實。在正常情況下，我了解我朋友對現實的看法，因為我倆的看法大抵是重疊的。但憂鬱症改變了這一切。如安德魯．所羅門說的，憂鬱症扭曲了他經歷的現實，乃至於認為洗澡是件可怕的事。彼得也經歷了離奇的現實，他眼中的世界從彩色轉為黑白，從此不知快樂為何物，生無可戀。

如果你想深入了解得了憂鬱症的人，讓他們覺得有人在聽自己說話，有人了解他們，請想像你在窺視西班牙畫家達利的世界，一個不符合任何邏輯、沒有意義的世界。你要如何教憂鬱症病人描述這樣的世界？要踏入這樣的世界，真的很不容易。我們只能選擇相信，透過靈活思考，謙卑的面對這個事實：那真是一個混亂、沒有道理的世界。

11 同理心的藝術

就愛的服務而言，只有受過傷的戰士才做得到。

記者安迪．克勞奇在《我們追尋的人生》（*The Life We're Looking For*）一書中提到：「肯認（recognition）是人類最初的尋求。」[1] 嬰兒呱呱墮地之後，就在尋找一張能看到他們的臉，那是母親或照顧者的臉，這個人認識他們，而且會注意他們的需求。如果沒人看到他們，他們的心靈就會受創。心理學家曾進行面無表情的實驗，指示母親不要對寶寶做出反應。寶寶透過哭鬧、注視、笑容等表現發出尋求關愛的訊號時，母親只能坐著，面無表情。一開始，寶寶會動來動去，焦躁不安，接著崩潰爆哭。這是一場生存危機。如果照顧者長時間對寶寶不理不睬，視若無睹，會為孩子的情感和精神帶來永久的傷害。哲學家馬丁・布伯（Martin Buber）寫道：「兒童靈魂的發展與渴求深刻、真摯的人際關係息息相關，包括這種渴求的滿足和失望。」[2]

這就是最初的教育。每一個孩子，打從出生開始，就在為生命的基本問題尋找答案：我安全嗎？愛是怎麼運作的？我有價值嗎？有人會照顧我嗎？即使在嬰幼兒時期，我們也會根據周圍的事物和他們對待我們的方式，把這些問題的答案內化。這種教育在成年之後依然繼續影響我們，只是我們已對這個時期毫無記憶。

當你長大成人，對某個人非常熟悉之後，通常你會了解他們的成長背景。你從一些人身上看到的不安全感，也許源於他們童年時遭到的貶低和批評。你看到他們被拋棄的恐懼，這或許和他們年少曾被拋棄有關。反之，你看到有些人覺得這個世界是安全的、可信賴的，別人會自然而然對他們微笑，你會覺得他們必然是被愛包圍、在愛裡長大的。

事情本來應該如此簡單。我們都希望孩子覺得安全，知道愛是恆久、無條件的，認為自己是有價值的。問題是，身為父母，我們往往無意識的背負自己年幼時的創傷和恐懼，而這些又是源於我們父母的童年。傷痕和創傷就這樣代代相傳。

心理治療師史蒂芬·寇普（Stephen Cope）在《深層人際關係》（*Deep Human Connection*）一書中寫道，在他母親的想法中，嬰兒是可愛的，一旦要照顧真正的嬰兒，她就覺得嬰兒沒那麼可愛了，無法給寶寶無微不至的照顧和無條件的愛。「幾十年來，我和我的雙胞胎妹妹一直在思考這些問題。我們覺得自己很不幸，注定是充滿焦慮、矛盾的小生命……我們具備所有的特徵：不安全感、焦慮、欲求不滿、容易被愛的承諾引誘。不知道能不能指望愛情。」[3]

女星黛咪·摩爾在病態家庭長大。父母都有歇斯底里、自我毀滅的傾向、陰晴不定、情緒化。由於一天到晚搬家，她和弟弟平均一年轉學兩次。從小，她就是父親的小幫手——幫忙把母親嘴裡的藥丸挖出來，而她父親則在三十六歲那年自殺身亡。黛咪·摩爾在回憶錄中寫道：「我父母用他們相愛的模式愛我：不一致，而且是有條件的。這是因為他們只知道這種愛的方式。我從他們身上學到，愛是你必須非常努力才能擁有的東西，但是愛還是隨時可能消失。這是你無法控制的，你也無法理解為什麼。在我成長的過程中，愛總是伴隨恐懼和痛苦。如果我沒有那種不安的痛苦，沒有那種如坐針氈的焦慮，我怎麼知道那是愛？」[4]

著名的葛蘭特研究（Grant Study）想要發現人類發展和成就的模式，於是自一九四〇年代開始追蹤兩百六十八名哈佛男生，直到數十年後他們去世為止。[5]研究人員發現，人際關係的好壞是決定人生成敗的關鍵，而童年時期的關係具有一種特殊的力量。這項研究的負責人想知道，為什麼他們的研究對象有些人在二次大戰期間晉升為軍官，其他人卻沒有。他們發現，最重要的因素不是智商、體能或社經背景，而是家庭是否溫暖。在父母的愛裡長大的人，當了軍官之後，就能為自己帶領的士兵帶來關愛。

研究人員還發現，與父親關係緊密的人比較能享受假期，善於用幽默來化解危機，退休之後也比較能過著滿足的生活。[6]在預測社會流動性（個人在社會中的地位變化）而言，溫暖的童年環境是比智力更好的指標。[7]

從另一方面來看，與母親關係不好的人，比較可能在老年時罹患失智症。[8]在冷冰冰的家庭中長大的人，服用各種處方藥物的頻率較高，在精神病院住院的時間，比起在溫暖家庭中長大的人要多出五倍。正如這項研究的長期負責人喬治・華倫特（George Vaillant）所言：「有溫暖的童年，就像擁有一個富有的父親，往往能使人免於未來的痛苦；而淒慘的童年就像貧窮，無法緩解生活的困境。的確，困苦有時可能會讓人重塑對世界和人生的認知，出現好的轉變，也就是心理學家所說的『創傷後成長』，過了一段時間之後，有些人確實得到改善。但痛苦和機會的喪失總是會讓人付出高昂的代價，很多在童年傷痕累累的人，直到死去，都覺得人生前景黯淡無光，有些人英年早逝，有些人則是自己了結生命。」[9]

防禦之道

在嚴酷的環境裡，兒童會用他們知道的唯一方式來因應。他們會建構心理防禦體系，以免受到進一步的傷害。他們汲取教訓——這些教訓可能有助於適應，或者沒有幫助——也知道自己可對人生期待什麼，需要做什麼才能生存下去。這些防禦和教訓通常是不知不覺之中形成的。如果你希望好好了解一個人，就必須知道他們童年的掙扎與幸福，以及他們利用什麼樣的防禦結構過日子。

以下是很多人內心中的防禦之道，甚至終生都採用這樣的防禦方式：

逃避。逃避通常和恐懼有關。我曾在感情和關係上受傷，所以我會盡可能避免感情的牽連，不輕易與人建立關係。想要逃避的人，與人對話總是停留在很表面的層次，因為這樣會覺得最自在。他們對生活過度分析，且往往退縮到工作中。他們試著滿足自我，假裝自己沒有需求。通常，他們從小就沒有親密的人際關係，對未來的關係也沒有多大期待。像這樣害怕親密關係的人可能常常搬家，不喜歡在一地生根，不喜歡被束縛。有時，他們會故意表現得非常積極、樂觀，以免暴露自己的脆弱。他們會藉由一些事情來顯現自己很強，是別人求助的對象，永遠不會求助於人。

以被剝奪者自居。有些孩子是在自我中心者身邊長大的。[10]這種人不管孩子的需求，孩子自然而然會認為「我的需求不會得到滿足」。這種感覺與「我不配」只有一步之遙。以被剝奪者自居的人，不管有多少驚人的成就，都覺得自己是沒用的人。他們常常認為自己內心深處有某種缺陷，萬一讓別人知道，別人就會離得遠遠的。受到不公平或不尊重的對待時，則很可能會自責（當然他會搞外遇，畢竟我是個無可救藥的老婆）。有時，他們會嚴厲的批評自己。

過度反應。受到虐待和飽受威脅的孩子，是在危險的世界裡長大的。這樣的受害者，在其神經系統深處，往往有一個過度活躍的威脅偵測系統。他們會把模稜兩可的情況解讀為具有威脅，把沒有特別表情的臉看成是憤怒的面孔。他們被困在一個狂躁的心理劇場當中，在這個劇場裡，世界是險惡的。碰到事情，他們會過度反應，卻不知道自己為什麼會這樣。

被動式攻擊。被動式攻擊就是用迂迴、隱晦的方式來表達自己的憤怒。害怕衝突的人不知如何處理負面情緒，因此會用這種方法來逃避直接溝通。傾向採取被動式攻擊的人，在他們成長的家庭中，憤怒或許非常可怕，情緒得不到處理，或者愛是有條件的，因此得知直接溝通會破壞感情。被動攻擊也是一種情感操縱，是一種微妙的權力鬥爭，為的是讓對方內疚和獲取關愛。有被動式攻擊傾向的老公，可能會鼓勵老婆週末和朋友出去玩，然後以無私的烈士自居，但在老婆出去玩的前幾天和整個週末對她發火。他會用退縮和自憐自艾等行為，讓她知道她是個自私的人，而他是無辜的受害者。

概念性盲目

這些防禦不全然是壞事。英國作家威爾．史托爾（Will Storr）的書中有一句就捕捉了我們防禦的雙重特質。他寫道，大多數偉大的虛構人物——意指大多數偉大的人——都有一種「神聖的缺陷」。[11]他認為，每個人都會在腦中形成某種模式，這些模式塑造我看世界的方式。你從小時候就開始建立這些模式。這些模式是有用的，能使你免於受到忽視或虐待。你可藉此預測別人會怎麼做，然後採取行動，以獲得肯定和關愛。你的模式最大的功用，就是幫助你把自己的人生看成是一個故事，而你是故事中的主人翁。我們會找尋與自己模式相符的人、文章和書籍。

史托爾說，你可以請別人完成這樣的句子，例如「人生最重要的事情是……」或是「只有在……的情況下，我才是安全的」，以了解別人的模式，特別是他們的防禦模式。我認識的很多政界人士，都有過度反應的防禦模式。對他們來說，最重要的事情就是對抗不公不義的事。他們只有在對敵人發動攻擊時，才會覺得安全。他們從小就知道，人生就是戰鬥。

這些防禦模式在一段時間之內的確有用。這種模式使他們將世界劃分為光明之子和黑暗之子。他們高舉正義大旗與政敵搏鬥，他們的地位、權力和尊嚴也上升了。同時，他們也變得堅強而有韌性。有一次，我參觀一座葡萄園。導遊解釋說，這裡的果農會挑黏性高的土壤讓葡萄藤扎根，而不採用容易扎根的沙質土壤。由於黏性土壤會抗拒葡萄藤扎根，反而會使葡萄藤的生命力更加頑強。我覺得我認識的很多人也是這樣，尤其是政界人士。他們透過抵抗不良的環境或體制而變得更強大。

他們的憤怒通常完全合理。但神聖的缺陷依然是缺陷。在過度反應的防禦架構，第一個問題是會使人不分青紅皂白抨擊一切。如果有人批評一個防禦者的內在模型，你不會覺得他們在攻擊此人的觀點，而是在攻擊其身分。心理學家強納森．海德（Jonathan Haidt）說道，只要是對一個人來說是神聖的東西，你就會發現「猖獗的非理性」。[12] 以過度反應做為防禦機制的人會這麼想：批評我的人和我的對手不只是錯了，他們還很邪惡。這樣的人突然間察覺世界末日的威脅來自四面八方，且用陰謀論來解釋自己看到的邪惡力量。這種人一天到晚都在戰鬥，準備率先進行報復。

這種防禦的第二個問題是，你無法控制它，只會被牽著鼻子走。憤怒的一個問題是，總得找到憤怒的對象。因此，憤怒的人總是在找出氣筒。憤怒讓人討厭。憤怒是愚蠢的。一直在憤怒的人總會聽錯別人的話，誤解別人的意思。由於誤解，他就有惡毒攻擊的藉口。更糟的是，憤怒會升級。人們總是在談論發洩憤怒、控制憤怒或是引導憤怒。其實，人總是被憤怒控制，憤怒就像恐怖的寄生蟲，會變本加厲，最後吞噬宿主。

偉大的黑人神學家霍華德．瑟曼（Howard Thurman）在一九四九年出版的《耶穌與被剝奪繼承權的人》（*Jesus and the Disinherited*）一書中寫道：「耶穌拒絕仇恨，因為在祂眼裡，仇恨意味心靈的死亡、精神的死亡，也無法親近天父。耶穌肯定生命，而仇恨是對生命最大的否定。」[13]

防禦模式——任何防禦模式——的第三個問題是，這些模式往往會過時。我們長大成人之後，兒時學到的模式已不適用。但我們依然會用那些舊模式來看世界；我們的行動仍然依循舊模式。這就是所謂的「概念性的盲目」（conceptual blindness）。[14]這可以解釋為什麼非常聰明的人有時會做出非常愚蠢的事。例如第一次世界大戰的將軍。他們在騎兵衝鋒時代接受軍事訓練，建立適合馬匹和步槍時代的作戰模式。但數十年後，他們當上將軍，已是機關槍的時代，他們卻未與時俱進，更新作戰模式。年復一年，他們讓數百萬人衝進槍林彈雨，害他們送死，因為他們不知道自己的模式已經過時。這等於是大屠殺。概念性的盲目可能發生在任何人身上。

三種同理心技能

到了人生的某個時間點，大多數人會發現自己的一些防禦模式沒用了。童年建立的防禦方式會限制成年之後的自己。有逃避傾向的人開始渴望親密關係。以被剝奪者自居的人想要充分感受自己的價值。過度反應的人了解，不斷爭吵只會毀了自己，也毀了自己所愛的人。這時通常會出現危機。一個人因為愚蠢，破壞了婚姻、被解雇、失去朋友、傷害孩子、遭到公開羞辱。他們的世界崩塌了。

理論上，人應該可以獨自修復自己。理論上，我們應該可以透過反省來了解自己，尤其是內心深處破碎的部分。但研究結果明白顯示，我們高估了自省的作用。

其中一個原因是，你腦中發生的，不只比你所理解的還複雜，甚至比你能理解的更複雜。你的思維大部分都被隱藏起來，這樣你才能繼續生活。此外，你離自我太近了。由於你正在用某種模式看世界，因此看不到你用來感知的模式。最後，如果有人想要看清自己，往往會被拉到兩個無益的方向。有時，他們會為了簡單的發現自滿。他們告訴自己，我有了重要領悟。其實，他們不過是編造了一個虛假的故事來安慰自己。或者他們會陷入反芻，反覆不斷思索，一遍又一遍的檢視自己的缺陷和創傷，不良的心理習慣因而變本加厲，讓自己痛苦不堪。

反省不是修復防禦模式的好方法，與人交流才是。就童年創傷對成年之後帶來的影響，想要解決這種問題的人，需要朋友幫忙，在朋友的刺激和督促下，他們才能看清自己的處境。所謂旁觀者清，他們需要朋友提供外部視角，因為他們從自己內心看不到這樣的視角。他們需要朋友提醒：「你生命中最重要的東西就在前方，而不是在你背後。認識你，是我的驕傲，我也為你已取得以及即將獲得的一切成就引以為傲。」他們需要有同理心的朋友。

這就是你我可以介入的地方。在了解一個人的過程中，每個階段都涉及同理心，特別是在陪伴與創傷搏鬥的人。問題是，很多人不知道什麼是真正的同理心。他們認為這是一種簡單的情感：你打開心扉，與另一個人同情共感。從這個定義來看，同理心是簡單、自然、自發的：我懂，我了解你的感覺。

但這並非完全正確。同理心是一套社交和情感技能，有點像運動技能：有人是天生好手，與生俱來就有這種技能，有人則比較遲鈍，但人人都可以透過訓練增進這樣的技能。

同理心至少包括了三種相關技能。首先是**鏡像技能**。這是一種準確捕捉眼前之人情緒的行為。

在你清醒的分分秒秒，你周遭的人都在經歷情緒的變化，有時他們的情緒是穩定的，有時則強烈到難以招架。我們的情緒是連續不斷的，而非獨立存在的瞬間體驗。我們遇到某件事情時——或許是可頌的香味或是用力甩門的聲音——就會在這種遭遇加上某種感覺，以及正面的或負面的評價。每一次的經驗都會被某種情緒覆蓋。

這種製造情緒的過程始自身體深處。在生活中，你周遭的人，他們的心臟、肺臟、荷爾蒙、內分泌腺體、胰臟、免疫系統、肌肉和消化道等都在不斷運作，運作方式則取決於他們遭遇的環境或情景。雖然我們大抵把注意力焦點放在頭顱中的神經元，就我們最重要的思考，身體中神經元的作用也很重要。基本身體狀態的訊息會透過自主神經系統，從身體往上，傳送到大腦。

大腦負責調度身體所需——在任何時候，身體不同部分需要多少能量——監控身體和辨識不同的身體狀態。比方說，大腦會感知心跳加快、瞳孔放大、肌肉收縮、呼吸急促、血壓上升、壓力荷爾蒙升高。你的大腦注意到這一切，然後分辨哪一種情緒概念符合這種身體狀態。「這是悲傷？」不是。「憤怒？」不完全是。「噢，這是恐懼！」

自古以來，情緒並不是一個好字眼。人類認為情緒是原始的力量，會把人捲入其中，使人脫離正軌。幾個世紀以來，很多哲學家都認為理性和情緒完全不同——理性是冷靜、謹慎的馬夫，而情緒是難以控制的野馬。

其實，這是錯的。情緒包括訊息。[15]除非情緒失控，不然情緒就該是靈活的心智能力，是你人生的導航者。情緒賦予事物價值，讓你知道，你想要什麼，不想要什麼。我愛這個人，想要接近他；我鄙視那個人，想離他遠遠的。情緒幫助你適應不同的情況。如你發現自己身陷險境，面臨威脅，會感到焦慮。這種情緒狀態會改變你的思維，使你迅速辨識危險的源頭。情緒還會告訴你，你是否朝向目標前進，還是離目標愈來愈遠。如果我想了解你，未必要知道你在想什麼，但我必須對你的感受有一定的了解。

身體是情緒的發源地。身體也會傳遞情緒。我們的臉部有四十幾塊肌肉，嘴巴和眼睛四周特別多。嘴唇可產生不同的微笑，如虐待狂的冷笑、看到別人失禮的苦笑，以及讓人快樂一整天的燦笑。你看著一個人的眼睛，可能看到不同的眼神：挑逗的眼神、呆滯的眼神、憤怒的眼神、狂亂的眼神、恍惚的眼神、悲傷的眼神等。身體也會述說心靈的故事——因為受到打擊而垂頭喪氣，因為恐懼而身體僵硬，焦慮到坐立不安，生氣到面紅耳赤。

擁有鏡像技能的人能迅速體驗對方的情緒，並且很快在自己體內重現這樣的情緒。[16]擁有鏡像技能的人，在對方微笑時，也會跟著微笑，在對方打呵欠時，也打呵欠，看到對方皺眉，也會皺眉。他不知不覺調整自己的呼吸模式、心跳速率、說話的速度、姿勢和手勢，甚至調整語彙的水準。這麼做是因為了解他人感受最好的方式，就是自己體驗這樣的感受。臉部打了肉毒桿菌而無法皺眉的人，由於肌肉動作受到抑制，表情僵硬，無法重現憂慮的表情，也就比較不能感知他人的苦惱。

東北大學神經科學家麗莎·費德曼·巴瑞特提出「情緒粒度」（emotional granularity）[17]的概念，指一個人區分並識別自己具體感受的能力，能把情緒區分得更細微。她說，善於鏡像技能的人就是高「情緒粒度」的人。

有些人不擅長區分情緒，他們的「情緒粒度」較低，只有幾種情緒概念。很多幼兒會混用「傷心」、「生氣」和「害怕」這幾個詞彙，因為他們還無法區分這些情緒。他們對媽媽吼叫：「我不喜歡你」，因為他們還無法分辨憤怒和嫌惡。在巴瑞特的研究中，很多成人也無法區分「焦慮」和「憂鬱」。[18]焦慮是指焦躁不安，而憂鬱是情緒低落，但是情緒粒度低下者無法分辨這兩種截然不同的狀態。

反之，善於鏡像技能的人情緒粒度高，能用更豐富、靈活的方式來體驗世界。他們能精細區分類似情緒，如憤怒、沮喪、壓力、緊張、焦慮、苦惱和煩躁。[19]他們會透過閱讀文學作品、聽音樂、反思自己的人際關係來了解情緒。他們敏於察覺自己身體的變化，是解讀身體訊號的專家，因此在生活中碰到事情時，能從廣泛的情緒找出最適合表達的一種。他們是情緒專家，就像調色盤上有很多顏色可以選擇的畫家。

第二種同理心技能是**心智化**（mentalizing），也就是理解與推測他人的心理狀態、意圖和情感的過程。大多數靈長類具有鏡像能力，知道另一個靈長類動物的情緒。然而，只有人類明白為什麼自己有感同身受的能力。[20]我們能做到這點，是靠經驗和記憶。就像其他認知模式，我們會問：「這和什麼相似？」我看到一個朋友的經驗，就會回想自己的類似經驗。我會依據自己的經歷，來預測朋友目前經歷的情況。這就是十八世紀哲學家、經濟學家亞當・斯密（Adam Smith）所說的投射性同理心（projective empathy）：把自己的記憶投射到你的處境之中。這是更高層次的同理心。我們看到的不是「一個女人在哭」，而是「一個女人在職場上受挫、公然受辱」。我經歷過這種情況，所以能把自己的一些感受投射到她身上。

這種心智化技能運用得當的話，可幫助我們洞視情緒的複雜性。人常常會同時出現多種情緒。如果我在你第一天上班時看到你，也許會注意到你很興奮，因為你剛開啟新的人生篇章，也發現你因為面對新同事而忐忑不安，還發覺你擔心自己無法勝任眼前的任務而焦慮。我記得自己剛到新工作報到的情景，所以能預料可能在你內心湧動的矛盾情緒。

心智化的技能也能讓你在同情一個人的同時，保持客觀的距離，對這個人做出判斷。如果有人刮花了你的賓士，我可能會同情你，由衷的為你感到難過。然而，我也可能認為你的過度反應很幼稚，因為你把自我價值和車子綁在一起。

第三種同理心技能是**關心**。騙子很會解讀別人的情緒，但這不是同理心，因為他們不會真正關心別人。孩子很有同情心，知道你很難過，但他們不懂得同理關懷，也就是不知道怎麼做才是對的。你落淚，因為今天工作不順心，孩子見狀，拿一片ＯＫ繃給你——沒錯，孩子很貼心，但你可不希望大人這麼做。

如果心智化是把你自己的經驗投射在別人身上，你要表現關心的話，則必須走出自己的經驗，了解在那種情況下，別人需要的跟自己需要的可能完全不同。這很難。我怎麼知道別人到底需要什麼？這個世界有很多好心人，實際上有幫助的善良則很罕見。

比方說，我跟一個人在一起，這個人焦慮症發作了。如果是我焦慮症發作，我需要喝杯酒。但這個人未必想要喝酒。關心的起點是了解別人的意識和我的意識不同。他們需要的也許是我在他們深呼吸時握住他們的手。要我這麼做，我可能會很尷尬，但我還是會這麼做，因為我想要展現有助益的同理心。

同樣的，在寫感謝信時，因為自我中心的本能，我寫道我將如何使用你送給我的禮物。但如果我想成為一個有同理心的人，我必須跳出自己的視角，進入你的視角。我著墨於你的用意：為什麼你認為這份禮物很適合我，以及你買這份禮物的思考過程。

如果你遇見一個得了癌症的人，向此人表達你的難過似乎是同理心的表現。我朋友凱特・柏勒（Kate Bowler）確實得了癌症，她說最能表現同理心的人是那些「擁抱你、讚美你的人，他們的讚美不像追悼詞，能打動你的心。他們給你的禮物和癌症一點關係也沒有。他們只是想要讓你高興，而不是想要幫你解決問題。他們讓你了解，今天又是美好的一天，有好玩的事可做」。[21]這就是關心。

同理心的強度

人與人之間投射同理心的能力差異很大。心理學家賽門・巴倫－柯恩（Simon Baron-Cohen）是這個領域的頂尖學者。他論道，同理心可分為七個類群，我們屬於哪個類群，與先天遺傳、人生境遇有關，也看我們是否努力成為有同理心的人。

同理心為零級的人會傷害甚至殺害他人，而且毫無感覺，麻木不仁。同理心第一級的人能表現出一點同理心，但不足以停止殘酷的行為。他們在情緒暴發時會失控，給人造成情感上的傷害。同理心第二級的人只是愚蠢、無知。他們會不自覺的說出粗魯、傷人的話。他們會侵犯到別人的私人空間，不會察言觀色，乃至讓人覺得不舒服。同理心第三級的人會盡可能避免社交。對他們來說，社交很難，只是聊天都覺得很累，而且難以預測。第四級的人可以輕鬆自在的與人互動，但不喜歡談感情或私人的事。第五級的人有很多親密的友人，能自在的表達支持與同情。第六級的人善於傾聽，能直覺他人需要什麼，能提供有用的安慰和支持。

我從巴倫－柯恩的研究學到很多，但我認為他的同理心鐘形曲線失準。他太強調有同理心缺陷的人，也許因為他研究的就是這些人。而我發現，我遇見的絕大多數人都有同理心，在他的評分表上屬於第四級、第五級，甚至第六級。在大多數的社交場合，即使只是在超市收銀員為你結帳，也可看到同理心。

就下面陳述，你的情況符合與否，可以反映你天生具備的同理心程度：

- 在社交場合，我常常不知所措。
- 我跟朋友約好要見面，如果我遲到了，我會覺得無所謂。
- 有人常告訴我，我在討論時會過分堅持自己的觀點或主張。
- 人與人之間的衝突，即使與我無關，我也會覺得痛苦。
- 我經常會在無意中模仿別人的舉止、口音和肢體語言。
- 如果我在社交場合出現失誤，會恨不得鑽到地底下。

前三句陳述來自巴倫－柯恩的研究，如果你符合這樣的陳述，顯示你是比較沒有同理心的人。後三句出自卡拉．麥拉倫（Karla McLaren）的《同理心的藝術》（*The Art of Empathy*），如符合你的情況，表示你很有同理心。[22]

缺乏同理心的人可能是殘酷、可悲的人。[23]巴倫－柯恩在他的診斷中心遇見一個名叫卡蘿的三十九歲女性。卡蘿防禦心理很強，她就像堅不可摧的中世紀堡壘。她很恨父母，認為父母虐待她。如果她認為別人對她不尊重，她就會大發雷霆。要是她的孩子沒立刻照她的要求去做，她就會暴怒：「你們怎麼敢這樣對我？給我滾！我恨你們！再也不想看到你們！……你們是邪惡、自私的混蛋。我恨你們！我去死好了！你們知道是你們逼我去死的。這下子開心了吧！」

在這樣的謾罵之後，她衝出家門，馬上就覺得好多了，然後和朋友度過愉快的夜晚，而她的孩子就被留在家裡，面對情感創傷。卡蘿不了解自己對孩子帶來什麼樣的影響。巴倫－柯恩說，在她的心靈宇宙裡，她自己的需求才是最重要的，其他人的需求根本不關她的事。她也拙於解讀別人的臉部表情和肢體動作。如果有個人跟她共處一室，只是在想自己的事，因而沉默幾分鐘，她就會把對方的沉默解讀為不懷好意，接著猛烈抨擊。她的朋友很少，但也用同樣反覆無常的方式對待她僅有的朋友。

卡蘿有邊緣型人格障礙的問題。罹患這種人格障礙的患者約占總人口的百分之二，其中只有百分之十五接受治療。[24]邊緣型人格障礙患者會對自己所愛的人發火。他們總是害怕被拋棄，容易衝動，且有自我毀滅傾向。[25]邊緣型人格障礙患者當中約有百分之四十到七十在兒童時期曾遭受性侵害。卡蘿的母親對她冷漠，只哺餵她一個星期的母乳，吝於給她母愛，認為她不乖就打她。由於憧憬愛情，她十四歲就跟男生發生性關係，十八歲開始自殘。長大成人、當了媽媽，她經常拋家棄子，去夜店尋歡。正如巴倫－柯恩所言：「她不想聽別人的問題。她只關心自己。」[26]這種人有一種可悲可嘆的貪婪，他們會陷入絕望的欲望漩渦。

反之，同理心強的人喜歡較深的人際關係，對周遭的人表現出更多的善意。[27]根據一些研究，這樣的人拒絕盲目從眾，社會自信心強。同理心強的人能表現高超的社交技巧，例如知道哪個孩子出現不當行為，是因為需要更多的關心，哪個孩子需要嚴格管教，知道可直截了當的告訴哪些同事他們做錯了什麼，也知道哪些同事需要協助，才能讓他們意識到自己錯了。

同理心強的人通常對任何情境的細節有著超乎尋常的感知力，例如氣味、味道和情感的波動。小說家賽珍珠（Pearl Buck）認為，藝術家對來自外在的任何情感訊息，都極為敏感：

在任何領域，真正具有創造性的心靈都是如此：天生極其敏感，這樣的敏感已超越人類的程度。對這樣的人來說，觸摸有如重擊，聲音震耳欲聾，不幸就是悲劇，快樂就是狂喜，朋友就是愛人，愛人就是神，而失敗等同死亡。這個極其纖細、敏銳的人有一種創造的強烈需求……由於某種未知的內在衝動，如果他不是在創造，就不是真正的活著。

我承認，這聽起來是有點累人，也給人帶來一點啟發。我有一個朋友就是這種同理心很強的人。她能感受一切。但她也常常需要獨處幾天，好好休息，才能恢復精神。她是我認識的人當中，能以最有成效的方式關心別人的人。與人同在一室時，她能感受微妙、細緻的情感顫動，知道哪個人因為遭到冷落而感到沮喪。她能感同身受，讓人感覺自己被看見。

強化的同理心

正如前述，我們天生具備同理心，就像我們天生具有運動天賦。然而，我們也可透過訓練，強化自己的同理心。下面就是幾個發展同理心技能的做法：

接觸理論。幾十年前，心理學家高爾頓・奧爾波特（Gordon Allport）指出，我們很難憎恨與我們距離近的人。他發現，如果把互相敵對的幾組人找來，讓他們共處，會發現每一組的人都變得比較有同理心。但群體動態的建構必須恰到好處。例如，讓大家圍成一個圓圈，表明在這個圈圈裡，每個人都是平等的。讓群體有共同焦點和共同目標也有幫助，如此一來，他們就能從一開始為了目標一起努力。社群就是一群有共同目標的人。

用心觀察。如果你花時間仔細觀察周圍的人，就能變得比較有同理心。我發現有些演員非常擅長觀察。演技派女星薇拉・戴維絲曾在受訪時提到她如何為飾演某個角色做準備，她說：

演員在日常生活的表現和一般人大異其趣。因為我們必須仔細觀察。我總是說，你得像小偷那樣觀察入微——你能看到每件事情的細枝末節。瞧，你說了某個字眼，那個人就低下頭了。你在想：「他為什麼這麼做？跟他的過去有關嗎？他是否受過創傷？或者，他不喜歡我？」他只是在公車站坐著等車，但你看他吃的東西以及他是怎麼吃的。你看到他怎麼微笑嗎？他不笑了，你知道他怎麼了嗎？[28]

演員保羅・賈麥提（Paul Giamatti）提到他在二〇〇八年HBO迷你劇集「約翰・亞當斯」（*John Adams*）飾演這位開國元勛時所下的工夫。[29]他研究了這個歷史人物，發現亞當斯有一堆健康問題，他的確得了某些病，但有些則是他懷疑自己罹患的疾病。於是，他把亞當斯視為一個多病之人，老是胃痛、牙疼、頭痛等。他想像自己是大小毛病一堆的人，就這樣演完這個角色。

演員馬修・麥康納告訴我，他會從小動作下手，讓人洞悉角色的性格。比方說，有個角色是喜歡把手插在口袋的人，老是彎腰駝背，不會對人敞開心扉。然而，他把手從口袋抽出來，要為自己據理力爭時，他就會局促不安，沒有安全感，卻咄咄逼人。麥康納還仔細觀察他扮演的角色怎麼看待每一種情況。殺手不會想「我是個殺手」，而是在想「我是來重建秩序的」。好演員就像同理心強的人，必須了解角色述說的故事。

如果你真的想讓你的孩子更有同理心，不妨鼓勵他們參加學校的戲劇活動。扮演另一個角色是擴展視角最有效的方法。

文學。研究人員發現，愛看書的人比較有同理心。[30]然而，著重於情節的書籍——如驚悚小說和偵探小說——似乎對培養同理心沒有幫助。如閱讀傳記或是著重於人物刻畫、複雜的小說和戲劇，如《寵兒》（*Beloved*）或《馬克白》，讀者會被書中人物心理和情感的轉折所吸引，進而提升同理心。

情緒地圖。研究情緒的心理學家馬克．布雷克特開發出一種工具，也就是他所說的「情緒表」（mood meter），[31]以提高一個人的情緒粒度。這是基於情緒的兩個核心屬性，活力與愉悅的程度。因此，他建構了一張有四個象限的圖表。右上是高活力、高愉悅的情緒：快樂、歡喜、興奮。右下是高愉悅但低活力的情緒：滿足、寧靜、輕鬆。左上是低愉悅但高活力的情緒：憤怒、挫折、恐懼。左下則是低活力、低愉悅的情緒：悲傷、冷漠。

這張情緒表就是人類的情緒地圖。在任何時候，你都可以停下來，找出你目前的情緒在地圖上的位置，然後貼上標籤。布雷克特指出，這個練習能讓人給自己許可，讓自己自由自在的去感受，不必把情緒封存起來，而是承認自己有這樣的情緒，並研究這種情緒。布雷克特說，如果你在公共場合詢問人們他們的情緒為何，幾乎每個人都會說，那是正面的情緒。[32]然而，如果是保密性的調查，保證不會洩漏受訪者的隱私，六、七成的人表示，自己正處於負面的情緒之中。這個結果令人不安，這代表你遇見的很多人，表面上看起來都很好，其實心裡很苦。

其實，只要不時停下腳步，用情緒表來檢視自己的情緒狀態，就能分辨焦慮（為未來擔憂，不知未來會如何）與壓力（擔心自己表現不佳）。布雷克特因此發展出一套名為「RULER」的情緒與社交學習系統，推廣到全球數千所學校，也就是：情緒的辨別（Recognize）、理解（Understand）、標記（Label）、表達（Express）和調節（Regulate）。這套系統對增進兒童和成人的情緒意識和情緒調節很有幫助。例如，布雷克特和他的研究團隊最近開發出衡量不同工作場所主管EQ的方法。[33]他們發現，EQ得分低的主管，他們的員工只有在百分之二十五的時間覺得受到激勵，而ＥＱ得分高的主管，員工則在百分之七十五的時間都覺得受到激勵。換句話說，善於辨別、表達情緒的人對周遭的人有很大的影響。

痛苦的洗禮。正如十六世紀法國哲學家蒙田所言，你可以利用別人的知識來獲得知識，但你無法利用別人的智慧成為更有智慧的人。有些事情，你必須親身經歷才能明白。因此，增強同理心的另一種方法，就是經歷、忍受人生的磨難。例如，天災的倖存者比較可能幫助無家可歸的人。經歷過內戰的人更願意捐助慈善事業。善於利用苦難者，將能脫胎換骨。

我認識的真正有同理心的人，大都經歷困苦時期，但他們沒有被擊垮。他們不會因為怕受到傷害，防禦機制變得更強，反之他們勇敢的卸下這種機制，擁抱自己的脆弱，對人生抱持更開放的態度。他們會利用自己的痛苦來了解別人，與別人建立連結。艾略特・庫克拉拉比（Elliot Kukla）講過一個故事，說明同理心強的人如何陪伴別人。庫克拉認識一個因大腦受損有時會摔倒的女人。有人看到她摔倒會馬上衝過來，把她扶起來。她告訴庫克拉：「我認為他們急著把我扶起來，是因為看到一個成年人躺在地上會覺得不安。但我真正需要的是，有人跟我一起趴在地上。」[34]有時，你只需要跟別人一起趴在地上。

身體情緒的交流

在這一章，我一直在強調身體情緒的作用。不是靠理智、理性思維，你就能變得更有同理心。你必須訓練自己的身體在開放、互動的情況下做出反應。為了走出創傷，人必須利用相反的經驗。如果是曾遭受虐待的人，你必須給他安全的親密關係。如果是曾被遺棄的人，你必須不離不棄的陪伴他。這是深深嵌入身體層次的知識和學習。理性的大腦無法說服感性的身體走出自己的現實。身體必須經歷完全不同的現實。

富有同理心的人能給人這種感覺。我與哥倫比亞大學兒童精神科醫師瑪莎．魏爾許（Martha Welch）討論時，她強調「共同調節」（coregulation）的力量。如果兩個人很熟，互相信任，雖然只是一起喝咖啡聊一聊，或是擁抱一下，但兩人的身體已在交流。彼此的內臟得到安撫，兩人的心率共同調節，心臟也跟著平靜下來，迷走神經也變得更活躍

——迷走神經能讓你心率、呼吸變慢，血壓下降，覺得放鬆、平靜。

迷走神經活躍之後，經過一段時間，我們就能用不同方式來看待、建構世界。這不是比喻，真的是這樣。正如神經科學家麗莎．費德曼．巴瑞特在《情緒跟你以為的不一樣》（*How Emotions Are Made*）一書中寫道：「你也許認為，在日常生活中，你看到、聽到的東西會影響你的感覺，其實剛好相反：你的感覺會影響你看到、聽到的。」[35]內心充滿恐懼的人會用完全不同的眼光看一個地方。[36]例如，我們的耳朵會立刻調整，特別注意高頻和低頻的聲音，如尖叫或吼聲，忽略中等頻率的聲音，如正常說話的聲音。焦慮會縮小注意力的範圍，削弱周邊視覺。反之，幸福的感覺會擴大周邊視覺。因為可靠、有同理心的人在自己身邊而覺得安全的人，眼中的世界就會是更廣闊、更開放，也更快樂的地方。

有效展現同理心的人，他們遭受的苦難，讓他們得以理解並獲得信任。劇作家桑頓．懷爾德（Thornton Wilder）曾如此描述這樣的人能給世界帶來什麼：「沒有你的傷，你會有力量嗎？你的悔恨使你低沉的嗓音震顫人心。天使無法說服那些可憐、誤入歧途的孩子，被生活的輪子碾壓過的人才能說服他們。就愛的服務而言，只有受過傷的戰士才做得到。」

12

痛苦如何塑造了你？

即使人生已成廢墟，也可利用廢墟的斷垣殘壁建構出截然不同的人生。

芭芭拉．拉澤．亞瑟爾（Barbara Lazear Ascher）的丈夫鮑柏以最直截了當的方式告訴她這個消息。「看來是胰臟癌。」他在得知檢查結果之後，若無其事的說。醫師說，他的生命只剩三個月。

她和友人為他舉行盛大的生前告別式，包括主題派對之夜——有魚子醬和伏特加的俄羅斯之夜，有草裙和茉莉花環的夏威夷之夜。大家一起讀詩，促膝長談。芭芭拉在她的回憶錄《無影無蹤》（*Ghosting*）寫道：「槍口抵著我們的腦門，激勵我們變得更好，完全敞開心扉，展現最誠實、勇敢的自己。」[1]最後，兩人的生活簡化到了極點，只剩下最基本的部分。「我們常常覺得很幸福，彷彿死神又給我們一段寬限期。」

鮑柏剩下的時間不多時，芭芭拉把他從醫院帶回家，給他無微不至的照顧和關愛，讓他在家度過人生的最後時光。「面對死亡讓我們更親密，」芭芭拉寫道。「在這漫長的告別中，我們的心緊緊相繫。」[2]

凝視死亡很難，面對死後的悲傷更難。在守靈和葬禮之後，她獨自一人待在寂靜的公寓。她形容自己的感覺：「一陣風吹過我那破了個洞的心。」[3]有一天，她在過馬路的時候，發現有個鄰居迎面走來，叫住她。這個鄰居的丈夫在幾年前去世，她對芭芭拉說：「你認為自己神智清明，其實不然。」不久，芭芭拉在CVS藥妝店大發脾氣，狂罵店員，只因當時店裡正在播放〈我會回家過聖誕〉……而她丈夫永遠不會回來了。她變得害怕洗澡、不敢聽音樂，星期六晚上更是難熬。她把家裡的東西送人——送了之後又後悔。她出現幻覺，在街上看到鮑柏的身影。

英國作家C．S．路易斯曾說，悲傷不是一種狀態，而是一趟過程。悲傷是一條河，流經綿延不絕的山谷，每轉一個彎，就會看到新的風景，但不知為何，悲傷就是會不斷重複。我們知道我們是誰，知道生活是怎麼回事，但悲傷和痛苦粉碎了這樣的認知。我們傾向認為這個世界是良善的，生活是自己可以掌控的，每件事都是有道理的，我們基本上是好人，因為善有善報，好事會發生在我們身上。這樣的信念會被痛苦和失落摧毀殆盡。

史蒂芬．約瑟夫（Stephen Joseph）在《凡殺不死我的》（*What Doesn't Kill Us*）一書中寫道：「創傷挑戰我們的意義系統，動搖我們的世界觀，讓我們面對與這個系統牴觸的存在現實。我們愈是堅守原來的信念，就愈陷入否定現實的泥淖裡。」[4]

受到永久創傷的人會把發生的事融入既有的心理模式中，這是一種同化作用。[5]適應、接受已發生的事，並創造新的模式，才能成長。具有同化心態的人說：我得了腦癌，但我活下來了，我會繼續前進。但採取調適模式的人會說，腦癌改變了我……我活下來了……今後我將用不同的方式過活。重塑心理模式涉及重新考慮一些基本問題：這個世界在哪些方面是安全的，在哪些方面不安全？有時我是否會遭遇一些不該發生在我身上的事情？我是誰？我在這個世界的角色和意義是什麼？我的人生故事為何？我真正想去哪裡？什麼樣的上帝會允許這種事？

重塑自己的心理模式很難。不是每個人都能成功做到這一點。史蒂芬・約瑟夫調查火車爆炸案及其他恐怖攻擊的倖存者，發現百分之四十六的人說，他們變得更悲觀，百分之四十三的人說，他們變得比較樂觀。[6]史蒂芬・寇普是榮格學派的心理治療師。他說，重新思考和轉變的過程就像「在黑暗的大海中航行」，朝向黑暗的自我前進，也就是「被分裂、被否定、未知、不受歡迎、被拋棄」的部分。

要了解一個人，你必須知道他們在遭遇不幸前是什麼樣的人，以及他們在事件發生之後如何重塑自己的人生觀。如果本書有這樣的言外之意：經驗不是發生在你身上的事，而是你如何因應這樣的事件，你就能得到這樣的啟發：要了解一個悲傷的人，你必須知道他們如何面對傷痛——是否變得更有智慧、更善良、更堅強，或者崩潰、陷入困境、恐懼不已？如果你要當一個真正的朋友、一個好人，就必須知道如何陪伴他人經歷這個過程。

挖掘人生

一九三六年，弗雷德瑞克・畢克納十歲，在一個秋天日出時分醒來。這天，他和八歲的弟弟很興奮，因為父母要帶他們去看足球賽。其實他們不是特別愛看足球，他們會這麼高興，是因為全家，包括祖母，會一起出門，吃吃喝喝，共度快樂的一天。由於天剛亮，現在起床還太早，兩兄弟就躺在床上。他們發現房門開了，父親探頭進來，看了他們一下。多年後，他們都記不得當時父親說了什麼，似乎只是查看一下，看看有沒有問題。

過了一會兒，他們聽到尖叫聲，門砰的一聲打開，又關上。他們向窗外望去，只見父親躺在碎石車道上，母親和祖母穿著睡衣、光著腳，跪在他身邊，各拉著一條腿，舉起來、放下，像是在壓幫浦。一旁的車庫門是開著的，冒出藍色煙霧。

一輛車子急駛而來，在車道前剎住，發出尖銳的吱吱聲。一名醫師急忙下車，蹲下查看他們的父親，微微的搖搖頭。他們的父親引汽車廢氣自殺，已經身亡。幾天後，他們才找到遺言。父親用鉛筆在《飄》（*Gone with the Wind*）這本小說最後一頁的一段畫線，告訴他們的母親：「我崇拜你，我愛你。我是沒用的人……把我的錶給弗雷迪，我的珍珠別針給傑米。我的愛都給你。」

一、兩個月後，他們搬遷到百慕達。祖母反對他們離開，要他們「留下來，面對現實」。幾十年後，畢克納認為祖母的意見有對的地方，也有不對的地方。他寫道：「現實可能很殘酷，但你閉上眼睛，不去面對，只會為自己帶來危險。如果你不敢面對敵人，無法與他的黑暗力量抗衡，總有一天，敵人還是會在某個黑暗的日子，從你背後襲擊，在你朝向另一個方向時摧毀你。」[7]然而，他們非常喜歡百慕達，搬到那裡確實有某種療癒效果。

「我們一面前進，一面創造自己的現實，」他後來寫道。「對我來說，現實就是這樣。我失去了父親，卻迎來更快樂的新人生……我不能說悲傷已經消退，從某個層面來看，我不像弟弟那樣悲傷。我的悲傷來得比較晚，遲了三十年以上。」[8]

那是一段封存的時光。有一天，約莫是父親自殺身亡一年後，畢克納看到弟弟在哭，便問他怎麼了。他發現弟弟是為了父親而哭，非常驚訝，他認為自己早就走出悲傷。母親也封閉了自己。父親死後，畢克納沒看她哭過，後來他們也很少提到父親。她可以是個熱情的人，有時也很大方，但她閉口不談自己的痛苦和別人的不幸。畢克納回憶說：「她似乎從未被他人的悲傷感染，即便是她所愛的人也一樣。」[9]

幾十年後，畢克納有了這樣的了悟：「為了面對殘酷的現實，你披上盔甲，保護自己，但這盔甲也會使你封閉，無法敞開自我，讓生命本身的神聖力量轉化你。」[10]

畢克納無法永遠封閉自己。他當了老師，也成為一名小說家。長大成人之後，有一晚他去紐約探望母親。他們正要坐下來吃飯，電話響了。是找他的。他朋友在電話那端泣訴，他父母和大腹便便的妹妹出了車禍，生死未卜。他要搭機趕過去，問畢克納是否願意去機場，在飛機起飛前陪他？畢克納告訴母親，他必須馬上去機場。母親覺得莫名其妙。為什麼一個成年人要別人陪他？這有什麼好處？她好不容易才能跟兒子一起吃飯，覺得這個美好的夜晚被毀了。

其實，這些念頭剛剛也在他腦海中閃過，但聽到母親說出來，他覺得很反感。怎麼會有人這麼無情，無視朋友的痛苦？幾分鐘後，朋友又打電話來，說另一個朋友會來機場，他不用去了。這個事件震撼了他，也讓他踏上一段新的旅程。父親死後靜止的時間，彷彿重新開始了。

畢克納在這段長達數十年的旅程中追尋生而為人的真諦。「突然間，我最感興趣的是隱藏在表面底下和背後的東西。我開始生澀的探索自己的內心深處、自己的臉孔後面。」[11]他發現大多數人都在尋找自我。在這追尋之旅中，不得不面對自己的痛苦，也得利用自己的經驗幫助他人面對痛苦。

自然而然，他想了解父親是怎麼樣的一個人。[12]他想知道父親的成長背景：在他成長的家庭中有兩人自殺身亡，三人有酗酒問題，這到底是什麼樣的家庭？畢克納遇見認識他父親的人，就會探問他父親是什麼樣的人，但他們的回答無法令人滿意。他們說，他迷人、英俊、有運動細胞。沒有人能解開這個謎：什麼樣的魔鬼潛藏在他內心深處，逼他走向那樣的結局？

到了中年，畢克納終於能為父親流下真正的淚水。他在晚年寫道，他沒有一天不想父親。他已成為一個很有同情心、有信仰、深具人道關懷的作家。他漸漸了解，挖掘人生不是獨自進行的。透過分享悲傷，一起思考悲傷的意義，我們才能學習克服恐懼，對彼此有更深的了解。「我們最渴望的，莫過於別人能完全了解我們這個人，然而這通常也是我們最害怕的，」他在《說出祕密》（*Telling Secrets*）一書中寫道。「至少，我們有時必須說出祕密，讓人知道真正、完整的自己……否則我們可能會忘了自己的真面目，漸漸接受高度剪輯過的版本，希望世界更能接受這個版本。再者，如果我們能說出祕密……別人也就比較容易告訴我們他們的祕密。」

我們似乎都看過這種模式。一個人遭受重大打擊。有一段時間，難以面對，情感被封存起來，如心理學家所說，內心世界處於「暫停狀態」。但是，一旦時機成熟，這個人就會了解，他還是必須面對過去。他必須挖掘出所有封存起來的東西，與朋友、讀者、聽眾等分享自己的經驗。只有這樣，他才能更了解人生，走向更開闊的人生。

作家大衛・洛奇（David Lodge）曾說，所謂的寫作，其實百分之九十是閱讀。你必須不斷從頭開始閱讀你寫的東西、修改。挖掘人生也是。你反覆回溯過去的事件。目的是讓你的心思更靈活，能用多個角度看一樁事件。用其他方式看發生的事。把悲劇放在更大的脈絡中。瑪雅・安吉羅（Maya Angelou）寫道：「你愈了解自己的歷史，就愈自由。」

五個練習

我們要如何挖掘？如何幫助彼此回到過去，重新創造生命的故事？我們可和朋友做這樣的練習。

首先，可輪流問彼此一些問題，以深入了解自己的童年。心理學家建議可請朋友做這種完成句子的填空練習：「在我們家，絕對不能做的一件事是＿＿＿＿。」或是「在我們家，一定得做的一件事是＿＿＿＿。」這樣的問答可以助人更了解嵌入在自己成長過程的價值觀。

其次，可以玩「這是你的生活」遊戲。有些夫妻或情侶會在年底玩這樣的遊戲，從伴侶的角度總結這一年的生活。也就是用第一人稱寫下伴侶在這一年面臨的挑戰以及他們如何克服這些挑戰。看這種第一人稱的描述是一種刺激的經驗。你可以透過伴侶的眼睛看到自己。受過傷害的人需要自己信任的人描述他們的生活，對抗自我厭惡，相信自己的優點和潛力。

第三個練習是「你的大事記」。請對方逐年回顧自己的生活，記下每一年的重要事件。你二年級的生活是如何？三年級呢？

第四個是故事採樣。例如，德州大學奧斯汀分校心理學教授詹姆斯．彭尼貝克（James Pennebaker）請受試者進行自由表達的寫作練習。他說，打開你的筆記本，將定時器設定為二十分鐘。寫下你的情感經驗。不必擔心標點符號或寫得不好。想到什麼就寫什麼。為你自己而寫。時間到就停筆。一開始，有些受試者會用不同的聲音，甚至用不同的筆跡來寫。他們的故事粗糙、雜亂，但潛意識中的思維漸漸浮現出來。他們嘗試不同的角度。經過一段時間，他們的敘事愈來愈有連貫性，自我意識也變得更清晰。他們從受害人變成作家。研究顯示，這個過程會讓人血壓降低、免疫系統增強。蘇珊・桑塔格（Susan Sontag）曾說：「我寫作是為了定義自己——這是一種自我創造——是我脫胎換骨的過程。」

第五個練習是我最喜歡的。拋開所有的自我意識，與友人深談。如果你失去至親，可對友人講述那個人的故事，也請友人說說自己的經驗和失去的人。回顧這段奇異的悲傷之旅，也往前看，聊聊未來的人生。

故事分享

我們可以藉由分享故事和重新詮釋來創造新的心智模式，建構新的現實和新的未來。即使人生已成廢墟，也可利用廢墟的斷垣殘壁建構出截然不同的人生。一個曾被暴徒襲擊的年輕女子告訴史蒂芬．約瑟夫：「如果有人在我遇襲的第二天告訴我，我現在能做什麼，或是我將會把這次的不幸視為人生轉捩點，我會恨不得掐死他們。但他們說的沒錯，這的確是我人生的轉捩點。我喜歡現在的自己，而且我正在做的事情正是過去的我意想不到的。如果抹去過去，就不是現在的我了。」[13]

哈羅德．庫許納拉比（Harold Kushner）的兒子亞倫因罹患罕見的早衰症，在十四歲死亡。失去兒子之後，庫許納一直在想，這個悲劇如何塑造了他，也開始研究其他人的經驗，痛苦如何塑造了他們。他說：「因為亞倫，我變成一個更敏感的人，一個更好的傳道人，一個更有同情心的導師。如果兒子能回到我身邊，我願意立刻放棄這些。如果能有選擇，我寧可放棄這樣的心靈成長……但我別無選擇。」[14]

良好品格的模型

十九世紀英國思想家約翰．彌爾（John Stuart Mill）寫道：「人類有提升自身道德品格的道德義務。」但一個好人究竟是什麼樣的人？我們要如何增進自己的道德？我們要如何培養良好的品格？

有一種良好品格的模型已流傳了好幾個世紀，也就是戰士／政治家的模型。根據這種模型，一個有品格的人就像古代英雄，如古希臘時代的伯里克利（Pericles）或亞歷山大大帝，或是現代政治人物，如美國首任總統喬治・華盛頓、法國總理戴高樂，或馬歇爾將軍。

這種道德傳統和所有道德傳統一樣，是始於人性的模型。人類是矛盾的動物，我們心中有著原始而強大的力量，還有一些激烈的情感，如欲望、憤怒、恐懼、貪婪和野心。但人類也擁有理性，可以用理性來控制、馴服和調節這些激烈的情感。在這種品格塑造的模型中，最重要的道德行為就是自制。這是鍛鍊意志力，讓你得以駕馭激情，成為激情的主人，而不是激情的奴隸。培養品格就像去健身房——透過鍛鍊和習慣來強化美德，如誠實、勇氣、決心和謙虛。以這種模型而言，培養品格是你自己一個人可以做到的。

然而關於如何塑造良好的品格，本書提出不同的理想和不同的理論。本書是以照亮者為理想展開的。這種理想對人性有不同的理解。人是社會性的動物。人需要獲得他人的認可，才能成長、茁壯。人渴望有人用愛的目光接納自己。

因此，道德主要是指建立連結的日常行為——表達「我尊重你」的目光、表示「我對你好奇」的問題、傳達「我們同在一條船」的對話。

在照亮者的模型中，人格塑造無法靠一己之力。道德是一種社會實踐，是在某種情境下對另一個人表示大方和體貼。一個有品格的人會對批評自己的人表示寬容和公正，忠實的陪伴陷入沮喪的人，深切的關心努力克服童年創傷的人。失去配偶或孩子的人能在他身上獲得共鳴。如果我們能做到這些，品格就能獲得提升。

因此，最重要的不是意志力，而是社交技巧。在照亮者的模型中，我們與他人相處的經驗愈多，就愈能跳出自私自利的認知方式，也就能培養良好的品格。正如艾瑞斯・梅鐸所言：「美德能穿透自私的面紗，融入真實世界。」[15]

照亮者的品格發展不是透過嚴格修練而成，照亮者楷模也不是像那些馬背上的偉人塑像。照亮者善於社交、謙虛、善解人意，而且熱情。有品格的人不會孤立，也不強勢。他是在你遭遇不幸時，陪著你、坐在你身邊的人。照亮者不只看到你的痛苦有多深，還能看到你的力量，與你一起慶祝勝利。你如何看到別人給這個世界帶來的貢獻？這就是本書最後一部的主題。

第三部

我看到
你的力量

13 性格：你能帶來什麼樣的能量？

人就像烈酒，愈陳愈香。

小布希非常外向。[1]從小，他就喜歡與人打交道。老布希這麼描述他的兒子：「每次我回到家，這個還在搖搖學步的小寶貝會迎接我，嘰哩呱啦說一堆，當然，他還很小，語句無法連貫，但非常熱情、活潑。」

上了小學之後，因為他很會耍寶，人緣很好。[2]每個小孩都畢恭畢敬的向主日學老師問好，他則一語驚人：「你好，小姑娘，你看起來好性感！」

小布希擔任德州州長時，德州民主黨第一號人物是鮑伯．布拉克（Bob Bullock）。儘管小布希和布拉克相處融洽，稱兄道弟，有時不免因黨派分歧意見不一。一九九七年，有一次小布希、布拉克和兩黨要員在早餐會中討論共和黨提出的一項法案。民主黨不肯支持這項法案。「州長，抱歉，」布拉克說：「這次我恐怕要與你對幹。」全場鴉雀無聲，氣氛緊張、尷尬。小布希站起來，走到布拉克面前，抓著他的肩膀，給他一吻。「老天，你到底在幹嘛？」布拉克擦擦嘴巴，問道。小布希答道：「如果你要跟我幹，總得先吻我吧。」此言一出，眾人哄堂大笑。

一位傳記作家寫道，小布希有一種特別的天賦，能在幾毫秒內消除自己和另一個人的距離。[3]他會用雙臂摟住別人，給人起綽號，馬上跟人打成一片。我確實發現，跟小布希共處一室和在電視上看到他是截然不同的體驗。如果你看到他本人，會發現他魅力十足，熱情洋溢，很能炒熱氣氛。即使是政治立場與他敵對的人，私底下也喜歡跟他在一起。

心理學家丹．麥亞當斯（Dan McAdams）論道，如果小布希在性格測驗中的外向方面得分極高，在好奇心方面則無法獲得高分。小布希在年輕時就不大關心世界大事。他的學業成績沒有特別突出。在他當上總統之後，就連盟友都注意到他缺乏求知欲。偶爾他會找我們這些報紙專欄作家進行會談，根據我的經驗，他的表現和其他總統大異其趣。通常，這像是隨興談話。我們提問，總統回答。但小布希主持的會談有嚴格規定。我們依序發問，一次只能問一個問題。他的回答毫不含糊。就任何主題，他只讀一本書或吸收一種觀點，很少從不同的觀點來看。

麥亞當斯認為，他會發動伊拉克戰爭，促成這個災難性的決策，正是源於他高度外向（大膽行動），和低度好奇心（不嘗試其他觀點）的混合性格。換言之，小布希的人格特質塑造了他做為領導人的命運。說來，這種人格特質的影響有好有壞。如果你想了解小布希，就得研究他的個性。其實，對你遇見的每個人，你也該這麼做。如果你想了解一個人，就必須考慮他們會帶來什麼樣的能量。

人格特質

一個健康的社會需要各種類型的人。在這樣的社會中，外向的人擔任領導人，善於組織的人使公司和學校運作順利，好奇心強的人發明新產品，嘗試新想法，容易緊張的人會警告大家有危險，好心人照顧病人。幸運的是，演化在這方面對我們有很大的幫助。人類與生俱來具備各種各樣的性格，為他們在社會上扮演不同的角色做好了準備。正如亞伯拉罕・庫克拉比（Abraham Kook）所言，上帝「為了這個世界著想，所以沒把所有的人才擺在一個地方」。[4]

人格特質是個體的性格特徵。人格特質是一個人觀看、詮釋、反應某種情況的習慣方式。每一種人格特質都是一種天賦——使人得以用某種有用的方式為社會服務。

不幸的是，有關性格的公開討論簡直亂七八糟。例如，有一次我在演講中問聽眾，他們是否知道邁爾斯—布里格斯性格分類，知道的請舉手。通常，有八成到全部的人會舉手。接著，我問，他們是否知道五大人格特質（Big Five），頂多只有兩成的人舉手。我覺得很荒謬。

邁爾斯—布里格斯性格測驗在科學上根本站不住腳。大約有一半的人做了兩次測驗，發現自己屬於兩種完全不同的類別。這是因為邁爾斯—布里格斯性格分類無法捕捉人類性格的複雜性與多樣性，總是會出現不一致的情況。這種測驗幾乎無法預測你在某種情況下的快樂程度，你在工作上的表現，或是你對婚姻的滿意度。邁爾斯—布里格斯性格分類依賴錯誤的二分法。例如，這種性格分類把人分為「思考型」和「情感型」。但研究顯示，在現實生活中，善於思考的人也可能敏於感受。組織心理學家亞當・格蘭特（Adam Grant）曾說，邁爾斯—布里格斯性格測驗的問題就像問一個人：「你比較喜歡鞋帶，還是耳環？」[5]然後期待能從答案獲得洞見。

另一方面，數十年來，心理學家已發展出另一套分析人類性格的方法。這種方法背後有大量嚴謹的研究支持，可幫助人們衡量五個核心人格特質，也就是心理學家所說的五大人格特質。

五大人格特質是指外向性、責任感、神經質、親和力和開放性。心理學家設計出一系列問卷，幫助你了解你在這些特質的得分高低——例如，你非常外向（像小布希）還是不那麼外向，或者像大多數的人，得分接近中間值。

讓我們深入了解這五大特質。如果你了解每一種特質的含義，就能用比較有見識的眼光來看別人。正如地理學家能從岩石露頭區分火成岩、沉積岩和變質岩，或是像品酒師評定一支酒「口感豐富」或「口感濃烈」，如果我們知道一個人人格特質的組成，就更能了解此人。我們也能培養自己的鑑賞力，有識人之明。

外向性。我們通常認為外向的人會從社交互動中獲得快樂和能量。[6]其實，外向的人會受到所有正面情緒的吸引。只要有機會體驗快樂、尋求刺激、獲得社會認可，他們都會非常興奮。獎勵比較能驅使他們，而非處罰的恐懼。只要能得到好處，他們往往會奮不顧身。如果你在社群媒體追蹤外向的人，會發現他們的貼文充斥這樣的評論：「等不及了！」「太令人興奮了！」「我好愛自己的人生！」

在外向方面得分較高的人，熱情洋溢、喜歡熱鬧、追求刺激。這種人善於社交，不會孤僻，喜歡玩樂，不喜深思，多情而不保守，隨興多於拘謹，比較健談，不會沉默寡言。

英國行為科學家丹尼爾．內特爾（Daniel Nettle）在《性格》（*Personality*）一書描述一個非常外向的女人。她名叫艾瑞卡，就像其他所有高度外向的人，一生都精力充沛的追求快樂、刺激和興奮。她曾加入樂團，擁有一群粉絲，過著多采多姿的生活，一刻都停不下來似的——散步、騎馬、駕帆船、騎自行車、跳舞等。她在公開場合渴望刺激，在私生活領域，一樣放蕩不羈，喜歡冒險。「打從青春期開始，我這一生完全被旺盛的性欲驅使、支配，」她坦言。「在遇見我丈夫之前，常沉迷於性愛，無可自拔，跟無數的人上床。婚後，我丈夫讓我很滿足，我們的性生活很美滿，但他年紀大了，那方面就比較不行了……我們搬到義大利之後，我開始外遇，對象都是義大利已婚男人，其中兩個成了我的老相好。」[7]年華老去，她對性的渴望減弱，但對其他體驗依然躍躍欲試。她渴求不同類型的回報。她告訴內特爾：「我喜歡躺在床上，看書、喝咖啡、小睡片刻。」[8]外向的人未必一天到晚都要出去跟人打交道。他們只是無法不去追逐某種快樂，某種正面回報。艾瑞卡就是典型的極度外向者。

一般而言，外向是一種好的特質，因為外向的人往往很有趣。但每一種特質都有優點和缺點。多年來的研究顯示，外向的人比較容易發怒，[9]會冒更大的危險，也更容易死於交通事故。外向的人比較可能在青春期酗酒，比較不願為了退休儲蓄。外向的人喜歡高報酬／高風險。

在外向方面得分低的人似乎比較冷靜。這種人對事情的情緒反應比較慢，情緒波動也比較小。他們往往富有創造力，深思熟慮，做事情有計畫和目的，不會貿然行事。他們喜歡與少數人深交。他們在這個世界的體驗不一定比外向的人少，只是有所不同。

責任感。如果你要舉辦派對，你需要外向的人來幫忙炒熱氣氛，然而你若是要找人幫你管理公司，你需要有責任感的人。在責任感這項特質得分高的人，具有出色的控制力，能克制自己的衝動。他們有紀律、有毅力，組織能力強，能自我調節。他們能專注於長遠的目標，不會分心。

責任感強的人比較不會拖延，有一點完美主義的傾向，成就動機強。他們可能會避免濫用藥物，堅持做運動。可想而知，責任感強代表各種良好的結果：更優秀的學業成績、事業比較成功、更長壽。儘管如此，並非責任感強的人都有成功的生涯，都能活到九十歲。這個世界很複雜，影響人生結果的因素很多。但有責任感的人的確比較能展現能力和毅力。

責任感和所有特質一樣，不全是好的，也有缺點。責任感強的人比較會感到內疚。他們比較適合穩定、可預測的環境，調適性較差，比較無法因應不可預測的情況。這種人有時是工作狂，有一種強迫症的特質。內特爾描述一個名叫羅納德的人。每晚睡前，「必須使用鼻噴劑，吃兩顆阿司匹靈，整理房間，做三十個仰臥起坐，讀兩頁字典。床單的柔軟度必須恰到好處，房間必須完全安靜。顯然，女伴要在他家過夜的話，會造成很大的干擾。」[10]女人到他家，跟他上床，完事後，他會請女人離開，不然就得睡客廳。如你所料，沒有女人能長期忍受。我們可以說羅納德是個一板一眼的人。他有一種強迫症，必須控制生活所有的細枝末節——顯然，他也想控制別人。他是個有責任感的人，但過猶不及，他的責任感成了強迫症。

神經質。如果外向的人會被正面的情緒吸引，神經質的人則會對負面情緒產生強烈反應。[11]他們會很快感覺到恐懼、焦慮、羞恥、厭惡和悲傷，而且非常強烈。他們對潛在的威脅十分敏感，比較會擔心，較難保持冷靜，也容易緊張。這樣的人通常比較脆弱，往往不堪一擊。如果他們在人群中看到一張憤怒的臉，就會忍不住盯著這張臉，很難轉移自己的注意力。[12]

神經質的人在一天之中情緒會起起伏伏，可能陷入某種情緒漩渦：[13]很快就會察覺威脅和負面情緒，會用負面的眼光看待模稜兩可的事件，會接觸更多的負面經驗，這種經驗會使他們更相信這個世界是個危險的地方，所以會更容易看到危險，如此不斷的循環。面對不確定性，他們常常會覺得不安。與其碰到他們不知道的魔鬼，他們寧可碰到已知的魔鬼。

神經質的人常會在痛苦中掙扎。神經質和憂鬱症、飲食失調症和壓力疾患有關。[14]這種人比較常看醫師，會為自己訂立不切實際的計畫，然後很快又放棄了。儘管神經質的人能察覺危險，但常會與威脅自己的人為友或談戀愛。他們對自己也有很多負面情緒，認為自己活該。

青春期就很神經質的人，成年後的生涯成就和人際關係則比較差。但神經質不全是壞的，也有好的地方。神經質的人特別適合在社會上擔任某些角色。如果你的社群有危險，若有見微知著的先知，就能讓大家得救。如果社群有很多人陷入痛苦，像佛洛伊德這樣神經質的人能研究、了解這種痛苦，也是件好事。如果需要社會變革，有人義憤填膺、出來呼籲也是有幫助的。在這個世界上，大多數的人都對自己的能力過於自信，對自己的行為結果過於樂觀，需要有人反其道而行，提高警覺，做最壞的打算。

親和力。有親和力的人善於與人相處。他們有同情心、體貼他人、樂於助人，且能包容別人。這種人傾向信任別人、能與人合作、平易近人。他們性情溫和，不會亂發脾氣，心軟，不喜歡強硬，有禮貌，不會粗魯，待人寬厚，不是復仇心重的人。

有親和力的人天生就會注意別人的想法。如果你給這樣的人讀複雜的故事，由於他們EQ很高，能記住每一個角色的細節。他們也會記住不同的人對彼此的感覺。[15] 丹尼爾・內特爾曾描述在一個實驗中，很有親和力的人能推測一連串的觀點和意圖，例如：「湯姆希望吉姆相信蘇珊認為愛德華會娶珍妮。」有些人甚至能掌握更複雜的互動，像是「約翰認為潘妮在想湯姆希望潘妮發現席拉是否認為約翰知道蘇珊想要怎麼做」。我認為我的親和力略高於一般水準，但後面那一句還是教我一頭霧水，要我搞清楚，就像要我揮舞雙臂飛向月球。

如果你要跟某人結婚，應該了解他的人格特質，這樣你才知道要用什麼方式愛這個人。親和力基本上是平易近人，但這似乎不是非常浪漫或性感的特質，不過親和力高的人離婚率較低，有些研究發現，他們的床上工夫也比較強。兩性關係專家泰・田代（Ty Tashiro）在《從此幸福快樂的愛情真相》（*The Science of Happily Ever After*）建議，在挑選婚姻伴侶時，最好選擇親和力高的人，避免神經質的人。有一次，我告訴朋友田代博士的忠告，他說：「如果你是神經質的人，該怎麼辦？」我告訴他：「娶一個神經質的女人，與其讓四個人不幸，不如兩個人不幸。」我在開玩笑。任何類型的人都可能是好配偶，只需要知道如何因應此人的人格特質。

在職場，親和力則有好有壞。親和力高的人不一定總是能獲得升遷或賺最多。一般人認為，親和力高的人無法展現鐵腕，做出不受歡迎的決策。通常，親和力方面得分較低的人被任命為執行長，賺最多錢。

開放性。如果親和力描述的是一個人與他人的關係，那麼開放性則是指一個人與訊息的關係。[16]具有開放性的人，會有很強的動機去獲得新的體驗和嘗試新想法。他們傾向創新，不喜歡傳統，富有想像力和聯想力，比較不會採取線性思維，好奇心強，思想不會僵化、封閉。他們不會把既有的意識型態加諸於這個世界，真正喜歡認知探索，研究某個主題。

藝術家和詩人都是典型抱持開放心態的人。[17]畢卡索終生不斷實驗新的藝術形式。大衛．鮑伊創作風格多變，不停為自己創造新的角色。開放性強的人會有各種不同的想法。如果你請他們說出四條腿的動物，他們不會只說貓或狗，會給你比較特別的答案，如羚羊或犰狳。對這種人來說，現實是靈活多變的。他們會有較多奧祕的精神體驗和超自然的信念。他們早上醒來，有時不知自己的經驗究竟是前一天發生的事，或只是前一晚夢到的。一項研究指出，吃某種蘑菇得到的奧妙體驗，會使一個人的思想和心態變得更開放，即使過了一年，仍有這種效果。[18]

這種人能欣賞各種藝術形式。我們看一幅畫或聽一首歌，會希望這個作品是我們熟悉的，又能帶給我們一點驚喜。這就是所謂的「熟悉最佳點」（fluency sweet spot）。對開放性方面得分較低的人而言，愈是自己熟悉的作品，會愈喜愛。反之，對開放性強的人來說，發現是自己有點熟悉的東西，就會覺得無聊。

偉大的記者南希・迪克森（Nancy Dickerson）筆下的約翰・甘迺迪，讓我覺得他是非常開放的人：「對他而言，無聊是滔天大罪，是他的頭號敵人。他不知道如何對付。他覺得無聊時，就像被蒙上眼罩，神經系統變得紊亂。你可以對他做任何事——就算偷他的皮夾、侮辱他、跟他吵架都沒關係——只有讓他覺得無聊是不可饒恕的。」[19]

就像所有的特質，一個人的開放程度在人生的不同階段略有不同。我們在進入青年期會變得比較開放，也會有不同的機會。能夠退休的人往往也比較開放，願意嘗試新的事物，像園藝、木工，比較常去博物館或是去聽音樂會。

掌握人格特質

如果你想了解自己在這五大人格特質的得分，網路上有很多問卷可供利用。然而，若你去派對，或是跟某人開會，你不會遞給他們人格量表。你真的不需要這麼做。一個人的性格不是深藏於內心之中，它就在表面。這是他們的處世之道。如果你熟悉每一種人格特質的本質，仔細觀察，就能推測一個人是否具有親和力、內向等。當然，如果有機會，你也可以問問別人，他們如何評估自己的特質。不要指望他們完全準確的了解自己的性格。就這樣的問題，朋友往往比我們更了解我們自己。

人格特質當然不能說明一個人的一切。你可能是個有責任感的護理師，或是有責任感的納粹分子。然而，人格特質仍是一個人非常重要的一部分。心理學家布蘭特・羅伯茲（Brent Roberts）及其同事在一篇名為〈性格的力量〉（The Power of Personality）的研究報告指出，人格特質就像智商或是社經地位，能預測某些人生結果。[20]這意味，如果你了解一個人的人格特質，就相當了解一個人了。

此外，了解一個人的人格特質，才知道如何跟這個人相處。遺傳學家及發展心理學權威丹妮爾・迪克（Danielle Dick）認為，父母應該了解孩子的人格特質。[21]沒有所謂正確的教養方式。把父母和孩子的人格特質都納入考量，才知道哪一種教養方式最適合他們。如果父親是個嚴肅的人，親和力低、愛批評、碎唸，而女兒是個神經質、對負面情緒敏感的孩子，儘管父親只是稍微批評一下，在女兒聽來，這就是粗暴的攻擊。儘管父親覺得沒什麼，女兒卻覺得很受傷。如果父親希望女兒聽進去，如果他想維持良好的父女關係，就得調整自己的語氣和做法。丹妮爾・迪克又說，很多父母要孩子做與自己特質相反的事：鼓勵膽小的孩子嘗試新鮮事或是教導外向的孩子放慢腳步、安靜。她認為，如果要孩子改掉壞毛病，處罰是沒有用的。與其讓孩子注意他們應該戒除的行為，不要再做這樣的事，不如積極把他們的注意力導向你希望看到的行為。

發揮獨特人格特質

在我的印象中，人格心理學似乎是比較愉快的研究領域。也許這是因為這個領域涉及天賦的賦予與運用。一般認為，上天賦予每個人獨特的性格。當然，我們的性格不是盡善盡美，難免有讓人遺憾的地方，但我們應該對自己擁有的性格心存感謝。每一組人格特質都能用來創造精采人生。

夏綠蒂．勃朗特（Charlotte Brontë）和艾蜜莉．勃朗特（Emily Brontë）是親姊妹，同在約克郡小鎮度過大半生，接受幾乎完全相同的教育，也都成了小說家。然而，正如哥倫比亞大學文學批評家愛德華．孟德爾森（Edward Mendelson）所言，兩姊妹看待這個世界和過日子的方式截然不同。她們倆一靜一動，一個喜歡待在家，一個老愛往外跑，跟朋友在一起。「艾蜜莉．勃朗特喜歡獨處，一個人追求崇高的體驗和想像，」孟德爾森寫道。「夏綠蒂．勃朗特則喜歡有伴，一起追尋愛與正義。」[22]姊妹倆都寫出偉大的小說，但她們的作品反映了她們不同的性情。艾蜜莉的經典小說《咆哮山莊》（*Wuthering Heights*）刻畫內心世界、情感、思想等，故事發生在私人生活領域，故事裡的人物之間很難溝通。夏綠蒂最著名的小說《簡愛》（*Jane Eyre*）則傾向外在世界，涉及宗教、政治等公共領域。在夏綠蒂的小說裡，人與人之間的溝通並不困難——交談、寫作、教書、繪畫，這些幾乎都是她筆下人物一天到晚在做的事。

像艾蜜莉比較好，還是像夏綠蒂好？如果能像其中任何一位那樣敏銳，那就太好了。

能把自己的特質發揮得淋漓盡致，當然再好不過。儘管是一家人、住在同一個屋簷下，但每個人對世界的理解方式截然不同，也是好的。

人格特質不只是與生俱來的天賦，也是可以在後天培養、發展的。如布蘭特・羅伯茲和尹烯埈（Hee J. Yoon，音譯）在二〇二二年發表的一篇有關人格心理學文獻綜述所言：「儘管大多數的人認為人格是無法改變的，但最近的研究徹底翻轉了這個概念。在一篇回顧兩百多項介入研究的論文中，人格特質，尤其是神經質，可透過臨床介入來改變。在短至六週的時間內，變化平均值約為標準差的一半。」[23]一般而言，人會隨著年紀的增長，變成一個更好的人，變得更有親和力、更有責任感、情緒更穩定。如果你對人的鑑賞力和品酒師一樣高明，就會發現，人就像烈酒，愈陳愈香。

14 人生任務

如果你想好好了解一個人，就必須了解他目前的人生任務。

正如前述，嬰兒呱呱墮地之後就渴望獲得肯認。在出生的那一刻，他們第一個人生任務，就是與哺餵和照顧他們的人建立連結。這時，他們的心靈已完全適應這樣的需求。愛麗森・高普尼克（Alison Gopnik）、安德魯・梅特佐夫（Andrew Meltzoff）與派翠西亞・庫爾（Patricia Kuhl）在《嬰兒如何思考》（*How Babies Think*）一書指出，新生兒都是近視眼。[1]若距離眼球三十公分以內——像是媽媽的臉——都能看得一清二楚，超過這個距離就一片模糊。對新生兒來說，這個世界就像是林布蘭的畫：明亮的臉龐，充滿意義和表情，從模糊的背景躍然而出。

他們漸漸長大，接著有了一項新的任務：了解這個世界是怎麼運作的。他們的視野擴展了，注意到鑰匙、泰迪熊、門、手搖鈴和球。嬰兒內在生成了一種強大的驅力，想要去解釋、了解這個世界。在進行這項任務時，他們會調整自己的視角。高普尼克論道，成人的意識像聚光燈，通常一次只注意一件事。嬰兒的意識像燈籠，和成人截然不同，在學習能力最強的這個階段，他們會注意整個房間的事物。他們會注意任何出乎意料或有趣的事情。換句話說，他們無法忽視環境中的刺激，注意力會從一件事轉移到另一件事。他們那燈籠般的意識照耀四面八方，因此學習速度快得驚人。

幾年後，另一項人生任務出現了。蹣跚學步的寶寶有著一股強烈的渴望，想要確立自己是獨立的個體。在此之前，寶寶都是被包裹在父母的照顧體系之中，但到了兩歲左右，孩子開始了解：「噢，我不是我媽媽。我有媽媽，但我是我自己。」於是，孩子進入了「兩歲惡魔期」——整天說「No！」什麼都不要。這對孩子和父母來說都是發展危機。如高普尼克、梅特佐夫與庫爾所言，這個時期的孩子不只是做你不希望他做的事，他會做這件事，正因你不想讓他做。[2]

在我們的一生，任務接踵而來。本章的主題是，如果你想好好了解一個人，就必須了解他目前的人生任務，以及為了完成這樣任務，他們的思想歷經什麼樣的演變。

對這種人生挑戰過程，鑽研最深的就是發展心理學家。這個領域的先驅是尚．皮亞傑（Jean Piaget）、艾瑞克．艾瑞克森（Erik Erikson）、羅伯特．基根、珍．盧文傑（Jane Loevinger）、伯尼斯．紐加滕（Bernice Neugarten）等人。一百多年來，發展心理學家一直想要了解人在一生中如何改變、成長。

發展心理學現在不流行了，主要是因為與這個領域有關的兩個觀念一般認為是錯誤的。其中一個觀念是，人類大部分的發展都是發生在童年時期：人會經歷一連串的發展階段，到二十一歲已發展完成。這似乎是錯的。人會在一生中不斷的發展。另一個觀念是，有些發展心理學家認為人生可分為一系列不同的階段，除非完成前一階段，否則就無法進入下一個階段。你必須上完「代數一」的課程，才能上「代數二」。其實，這也是錯的。人生不是那麼公式化，不能簡化為幾個階段。

但我發現，發展心理學的見解對理解他人大有幫助。不能因為兩個觀念有誤，就否定這個研究領域。我們不想回到人生階段的舊觀念，但我們可以把人生視為一連串每個人都需要完成的任務。並非人人都必須按照同樣順序來完成任務，也不是每個人都能完成所有任務，但我們在看一個人的時候，希望看到這個人正在努力做什麼任務。

在接下來的幾頁，我想勾勒這個人生任務理論。這是我研讀發展心理學的心得，尤其是艾瑞克森的《生命週期完成式》（*Life Cycle Completed*）和基根的《發展的自我》（*The Evolving Self*）。在我解說前，得先聲明，這些人生任務只是模板，不是照片。並非每個人都會以同樣的方式來完成同樣的人生任務。這些模板只是說出人類行為的一些共同模式。我們如回顧，就能看出你我與模板相似和不同之處。這些模板還提醒我們，你遇見的每個人都在苦苦掙扎。下面就是一些共同的人生任務，我也將說明何種意識狀態有助於完成每一項人生任務。

以我為尊

在人生早期，也就是童年時期，每個人都必須建立自己的主體意識。我們必須向自己和他人證明，我們能掌控一切，會努力，能把事情做好。艾瑞克森論道，在完成這項任務的過程中，一個人要是不能展現自己的能力，就會屈服於自卑。如果孩子能向自己和世界展現才能，就能有自信，萬一做不到，就會有自卑感。

為了建立自主意識，一個人會發展出基根所說的「以我為尊」（imperial consciousness）的思維。擁有這種思維模式的人可能會相當「自我中心」，把自己的欲望和利益放在首位。世界以我為中心，地球繞著我轉。處於這個階段的人可能爭強好勝，希望贏得讚美，獲得榮耀，不管是運動、學業、音樂，或者是其他方面，都希望自己能出類拔萃，渴望獲得好評。

約翰．諾斯（John Knowles）的小說《返校日》（*A Separate Peace*）描述二戰最後幾年，一名少年在新英格蘭貴族寄宿學校的成長過程。敘述者指出：「在德文郡，我們幾乎總是明爭暗鬥。」

我們會容忍兒童和青少年這種自我中心意識，但有時這種意識會延續到成年。一個無法擺脫這種心態的成年人，會把每一天看成是一連串他想贏得的比賽，不管是生意、打籃球或是政治，他都強烈希望自己是贏家。他的自尊心使他極度敏感，只要感覺到有人對他有一絲輕蔑，他就會大發雷霆。

對具有這種意識的人來說，人際關係往往是功利性的。這種人總是在耍心機，操縱情況，以達到自己的目的。他會封閉自己的情感，隱藏任何弱點，甚至對自己也是如此。他會傳遞這樣的訊息：我從友誼獲得某種利益。瞧，我女友多正點，可見我是贏家。我認識的一個人每次參加聚會都會環顧四周，看是否可接觸到達官貴人。每次你跟他見面，他都有企圖，想從你身上得到什麼。

如果你想親近這樣的人，他們會抱怨你太黏人，沒給他們足夠的空間。他們可與人結盟（以獲得自己想要的東西），但無法與人合作（以滿足共同的需求）。他們無法從別人的角度看世界，無法把別人對自己的關愛融入內心，經常需要別人的肯定和讚美來提醒自己是最棒的。

一個投入於這種任務、以我為尊的人或許沒有豐富的內在生活。他對自我認知沒興趣。他努力讓自己在這個世界留下深刻的印記。我覺得川普和普亭在童年都有以我為尊的意識，至今未能跳脫這樣的思維。

人際任務

人生隱隱約約有這樣的節奏。在強烈渴望出人頭地、功成名就的階段之後，通常會進入很想融入群體的階段。對很多人來說，在人生的某個時刻，通常是在青春期，人生任務就是確立自己的社會身分。友誼和社會地位成了我們人生的重心。艾瑞克森指出，這個時候，一個人如不能獲得親密關係，就會受到孤立。成功完成這項人生任務的人可以當他人的親密伴侶、忠誠的愛人、忠實的朋友，若做不到，則會陷入孤立。

我們的思維會自我調整以因應挑戰。具有人際意識的人會從心理層面來思考。[3]如果你請一個以我為尊的人描述自己，她可能會談到自己的行動和外在特質：「我是姊姊。我金髮碧眼。我踢足球。」有人際意識的人可能會根據自己的心理特質來描述自己：「我很外向。我愈來愈有自信。我對別人很好，但有時會擔心別人不喜歡我。」

擁有這種意識的人對別人的遭遇能感同身受。菲利普・路易斯（Philip M. Lewis）在《明辨的心》（*The Discerning Heart*）一書裡講了一個故事：有個人妻到外地出差，因一時意亂情迷跟一個男人上了床。如果這個女人是個以我為尊的人，在搭機回家時會擔心——

害怕萬一出軌被發現，會為自己帶來負面影響。而具有人際意識的人則會有罪惡感。她的自我認同主要源於她與丈夫之間的愛。[4]因為外遇，她可能傷害丈夫，也背叛了這份愛。

沉浸於人際任務的人，往往會變得具有理想主義的色彩。[5]擁有人際意識的人不只是能體驗他人的經驗，甚至能體驗全人類的經驗。此人能感受到社會面臨的困境，想要緩解這樣的痛苦。基根寫道，此時，人會從實體層面跨越到精神層面，不只是看到現實，還能看到可能實現的理想。青少年時期的理想主義可能非常強烈，但也可能固執己見、不寬容。在這種意識之下，理想主義的目的不只是追求共同利益，也能強化你與某個群體的連結。我反抗不公不義，因為這麼做使我顯得很酷，讓我有歸屬感，這是像我們這樣優秀的人應該做的事。

在進行這樣的任務時，人們容易形成小團體，注視社會地位。對具有人際意識的人來說，終極問題是：你喜歡我嗎？此時，此人的自我評價並非自我價值的評判者，別人的意見仍是終極評判者。然而，這樣的評判者猶如貪婪的主人，永遠不會滿意。如古希臘哲學家塞內卡（Seneca）所言：「基本生存的需求很少，他人意見的要求則沒完沒了。」這也會導致奉從主義的盛行。因此，你會看到青少年和成年人在商場成群結隊，穿類似衣服，用同樣的語調說話。

具有人際意識的人往往討厭衝突，傾向討好別人，也就難以拒絕別人，擔心傷害別人的感情。[6]這種人會壓抑自己的憤怒。憤怒意味此人擁有脫離社會的自我。因此，這種人並沒有獨立的自我。遭受冒犯時，他們不會生氣，反而覺得悲哀、受傷或自己不完整。問題的一部分是出在此人的自我概念不夠穩定，無法挺身而出，與人對抗。

具有人際意識的人可能會與以我為尊者發展出親密關係。此人也許會疑惑，為什麼對方不能像自己在情感上敞開自己，像自己那樣願意分享。對方做不到這些，因為他沒有那樣的人際意識。

我們若是在人際交往階段，會覺得分手或絕交特別難熬。失去朋友、戀人或配偶，等於失去自我——因為他們是你認同與價值的源頭。[7]具有人際意識的人失去了人際關係的外在結構時，可能會發現沒有可以支撐自己的內在結構。人在失戀或離婚後回到自我，這時會意識到自我意識的局限，[8]並且了解：儘管珍惜人際關係，但不能深陷其中，失去自我控制，必須開始另一項人生任務。正如基根所言，這時不但要改變自己的認知，還要改變認知方式。每一項新的人生任務都需要不同層次的意識。

職涯的鞏固

蘿蕊・葛利布（Lori Gottlieb）當過電視編劇、讀過醫學院、生了孩子，之後找到一份記者的工作，但她仍不滿足。她想改變人們的生活，而不只是報導他們的故事。她曾考慮當精神科醫師，但她擔心當上精神科醫師，做的多半只是開藥。有一天，她以前就讀那所醫學院的院長告訴她：「你應該去讀研究所，攻讀臨床心理學。」院長又說，取得臨床心理學的學位之後，你就能更了解你的病人。這將是更深刻的工作，影響也更深遠。

「我渾身起雞皮疙瘩，」她後來寫道。「我們常常隨便用這個成語，我真的起了一身的雞皮疙瘩。院長的話可說一語驚醒夢中人。我覺得他說的對極了，彷彿我的人生計畫就在我眼前揭露。」[9]

在人生的某個時間點，我們必須找到自己要投身的事業，找到自己能為這個世界貢獻的地方——不管是工作、養兒育女或是其他事情。艾瑞克森論道，在面對這項人生任務時，一個人必須鞏固自己的職涯，否則就會覺得飄泊不定。

大多數的人都是透過嘗試和摸索，看自己到底適合做什麼。有些人會不停的換工作、展開新計畫。心理學家布萊恩・李托（Brian Little）指出，一個人通常平均會同時進行十五件事，有些只是興趣，如學衝浪，有的則是比較重要的事，如當水電學徒。

在這個摸索階段，人生似乎雜亂無章，一下子做這個、一下子做那個。但很多人會發現自己對某個行業特別感興趣。羅伯特・卡洛（Robert Caro）窮盡畢生之力，研究美國第三十六任總統林登・詹森（Lyndon Johnson）的生平，並為他作傳。卡洛在《工作》（*Working*）這本關於傳記研究和寫作技巧的書，描述年輕時擔任國會助理的詹森內心燃燒的欲望。[10]詹森當時住在一家破爛旅館的地下室房間。每天，他朝向國會大廈前進。走過幾個路口，就可看到那棟矗立在山丘上、宏偉的圓頂建築。他是如此渴望，如此雄心勃勃，乃至腳步加快，開始奔跑。不論冬天或夏天，他都用跑的，一鼓作氣往上跑，穿越廣場，到他的辦公室。路上行人目瞪口呆的看著這個怪人，看這個手長腳長的年輕人在路上狂奔。奔跑就是他雄心的具體展現。

詹森的夢想是為這個國家做大事。他也想盡可能遠離貧困。他是德州一個窮人家的孩子。他拔腿狂奔，除了奔向理想，也想要遠離父親和他的失敗。卡洛寫道：「如果你深入了解詹森的人生，就會發現，他一生的核心是他與他父親的關係。他弟弟山姆・休斯頓・

詹森（Sam Houston Johnson）曾告訴我：『對我哥來說，最重要的一件事就是不要跟爸爸一樣。』」[11]詹森和他父親有很多相似之處。父子長相酷似，兩人都從政，習慣在勸說時抓住人家的西裝翻領，湊近他們的臉。詹森的父親是個理想主義者，有浪漫主義色彩。在一八七〇年代，他的家族曾擁有一座農場，位於佩德納萊斯河畔，因土壤貧瘠，種不出什麼東西，就把這農場賣了。一九一八年，農場要出售，詹森決定買回來。他當了冤大頭，為了這個農場花了太多錢，發現根本無法靠這農場養活一家。四年後，林登．詹森十四歲，他父親破產了，只得賤賣農場。林登對父親失望，也因此敵視浪漫主義，不信任別人，也不相信他人是善良的。他知道每個參議員各懷鬼胎，總是為自己的利益著想，不相信他們說的話，因此能精準掌握每一項法案得到的票數。

想要鞏固職涯的人通常渴望自己有非凡的表現——希望自己能在某一方面表現得爐火純青。[12]他們黎明即起，耕耘屬於自己的一小塊土地。儘管有廣大的土地可以墾拓，可以成就了不起的事業，但他們每天依然辛勤耕耘自己的土地，並從日復一日的勞動中覺得日起有功。

這種意識一樣會為了適應任務而變化。想要鞏固職涯的人通常會發展出比較個人主義的心態：我是自己這艘船的船長，我是自己命運的主人。他們變得更擅長自我控制，能管控自己的情緒。他們有更強的獨立思考能力，不會人云亦云。如果有件事會分散他們對核心任務的注意力，他們則會斷然拒絕。在這個階段，人會表現得有點自私和自我中心，但正如葛蘭特研究的負責人喬治．華倫特所言：「只有在個體的自我中心主義發展完全之後，才能無私奉獻、為他人付出。」[13]

在鞏固職涯這項人生任務中，親密動機後退一步，成就動機前進一步。基根說，一心一意想要鞏固事業的人，會傾向「封閉自己」，比較不願與人建立深厚關係。這種人希望自己是情感絕緣體。年紀大了之後，可能會疑惑，不知自己如何壓抑這麼多的情感。

因此，你會發現為什麼大多數的人最後都會反抗這種意識。畢竟，光是事業成功無法讓人滿足。曾經似乎令人興奮的自我意識現在卻讓人覺得有點局促。我們會厭倦世界定義成功的公式。名廚塞巴斯蒂安．布哈斯（Sébastien Bras）的 Le Suquet 餐廳，位於法國中南部高原一個叫拉吉奧爾（Laguiole）的小村莊，連續十八年獲得米其林三星。有一年，他宣布要放棄星級評價，請米其林的神祕客別再上門。他坦言，每年要維持三顆星的評等，壓力過大，束縛了他的創意。

榮格曾寫道：「社會獎勵的成就是削弱個性換來的。」[14]最後，代價變得太大。儘管完成任務，仍有一種無法填補的精神空虛。除了功成名就，仍渴望無私的為了某個目的奉獻，遺澤後世。

這種危機有時會讓人想要放棄，不想繼續追求過去想要的東西。克莉絲蒂娜·佩里·羅西（Cristina Peri Rossi）曾在短篇故事〈破紀錄〉（Breaking the Speed Record）描述一個為了破紀錄卯足全力的跑者。為了參賽，他進行非常嚴格的訓練，跑到第十七圈時，已遙遙領先其他選手。他快步向前，眼看著就要實現自己的夢想。「接著，他突然很想停下腳步，」她寫道。「他不是累了。他訓練了很久，所有的專家認為他會成功。其實，他只是為了締造新的紀錄而跑。但此刻，他有一種無法抗拒的欲望，想要停下來。於是，他躺在跑道旁邊，不爬起來。」他想要打破紀錄的衝動消失了。故事的最後，他想停下來，也真的這麼做了。「然後，他仰望天空。」

不是說所有的欲望都在任務結束時熄滅了，而是在達成任務時，只有一種欲望得到滿足。在這個節骨眼，你的內心湧現更強烈、更巨大的欲望，發覺自己與他人及周遭世界出現鴻溝。你一個人奮鬥了這麼久，該找個依靠了。

傳承任務

前面提到葛蘭特研究是歷時最長、最著名的縱向研究，自一九四〇年代開始，以一群哈佛學生為研究對象，就這麼追蹤、調查他們的一生，直到數十年後死亡為止。亞當・紐曼（化名）就是追蹤的對象之一。研究人員第一次遇見紐曼時，發現他是這群哈佛學生當中最憂鬱、無助的其中一人。[15]他來自一個沒有愛的家庭。他姊姊說，他們的母親「會讓任何人覺得自卑」。紐曼小時候發脾氣時，母親會拿父親的吊帶把他綁在床上。十七歲時，他父親死了，對這件事，他絕口不提。

他中學時成績優異，是鷹級童軍，也就是美國童軍最高級別，上大學之後更是充滿雄心壯志——他要向專橫的母親證明自己。他幾乎沒什麼知心朋友。與他進行訪談的研究人員大都認為他是個冷漠、刻板、自我中心、自私、令人討厭的人。他很虔誠，每個星期做四次彌撒，嚴厲批判做不到的人。

他進了賓州大學醫學院，第二年就結婚了，後來在美國太空總署生物統計部門擔任主管，底下有五十個人。他在這個工作崗位上的表現可圈可點，婚姻也很美滿。他和妻子都把對方當成最好的朋友。兩人都說，自己沒有其他朋友。

後來，他當了父親。他的兩個女兒都很叛逆。他對她們很嚴厲，要求她們像自己一樣成績優秀。他四十幾歲時，女兒說他是個「極端成就完美主義者」，甚至告訴研究人員，這個父親把她的自尊永遠毀了。

隨著年齡增長，他變得比較願意敞開心扉，而且有自知之明。大學時期，他強調他和母親的關係很好。到了中年，他坦承，一想到母親，他就想吐。他說：「我這一生都在努力擺脫母親的支配。」

中年過後，他的人生急轉彎。他思索貧富不均的問題，說道：「在這個世界，窮人是富人的責任。」他辭去工作，去了蘇丹，利用自己在統計方面的專長幫助當地農民解決問題。他寫道，此刻，他從女兒那裡學到「人生不只是數字、思考和邏輯」。16

後來，他回到美國，在一所大學教授心理學和社會學，作育英才。從五十五歲到六十八歲，他又轉換人生跑道，致力於都市計畫，推動德州城市的發展。其實，這是他兒時的興趣，現在總算如願以償。晚年的他，溫和慈祥。七十二歲那年，葛蘭特研究的負責人喬治·華倫特來拜訪他，兩人相談甚歡，聊了兩個小時。華倫特起身準備告辭時，紐曼說：

「我要給你一個德州式的告別！」[17]然後緊緊的擁抱他。華倫特結束這次訪談，在筆記寫道：「這種轉變真是太神奇了。」

紐曼人生的高潮出現在中年過後。然而，上了年紀的紐曼並不覺得自己變了很多。五十五歲那年，他收到華倫特寄來的大學時期訪談紀錄。他回信說：「喬治，你寄錯了吧。這是另一個人的紀錄。」他認為紀錄中的那個人絕對不可能是他。那的確是他在三十年前講述的，只是認不得那個自己。他重塑了自己的意識、自己的過去，因而成為今天的紐曼。

在傳承任務中，一個人會去尋找某種方式為世界服務，如果做不到，就會有停滯感。華倫特將傳承定義為「培育、引導下一代的能力」。[18]我欣賞這樣的定義，因為這強調人通常會在兩個階段進行這樣的任務。第一個階段是為人父母時。只要當了父母，就會學習如何用奉獻精神去愛。第二個階段是當我們步入中、老年，引導年輕的一代時。這時，我們會採用一種付出邏輯——我要如何回饋這個世界——以這種思維來取代鞏固職涯時期的功利邏輯。

很多人都是在晉升到領導階層之後，才有這種傳承心態。例如從老師變成校長，從記者升上總編輯，或是原本在一個組織的小部門工作，後來成為一個大部門的主管。

通常這樣的晉升會使人脫離自己熱愛的專業核心領域。例如老師從事教育工作是因為他們喜歡和學生互動。他們一般都會接受這樣的晉升，因為他們相信組織的使命，認為自己有責任把組織管理好。他們也知道，為了成長，他們必須不斷向前——當然，主管職務通常薪水更高。

有時，擔任主管職務需要改變自己的心態。基根與麗莎．萊斯可．拉赫（Lisa Laskow Lahey）在合著的《變革抗拒》（*Immunity to Change*）中描述一個名叫彼得的主管。[19]此人應該好好領導團隊，卻困在自我中心的職涯鞏固意識之中。他的價值觀是這樣的：我想照自己的方式做事；案子能夠成功，都是我的功勞，我也因此感到驕傲；我希望自己是超級問題解決者。他甚至看不到自己對周遭人等的輕蔑和跋扈，不知自己是讓人痛苦不堪的暴君。

最後，他周遭的人告訴他這個殘酷的事實：他需要改變，需要對新想法抱持更開放的態度，需要好好傾聽別人的話，不能大權一把抓，要把權力和責任授予他人。他必須放下孤獨英雄的自我形象，對組織更忠誠。有傳承意識的領導人懂得帶人，提升他人的眼界，幫助別人成為更好的自己。

以傳承為己任的人往往會扮演守護者的角色，守護自己的組織，不管是自己服務的公司、社群、學校或是家庭。此人對自己的組織懷有很深的敬意，認為自己有管理組織的重責大任，必須使這個組織愈來愈好。擁有這種心態的人，重視的是自己能給組織什麼，而不是從組織獲得什麼。

到了這個成熟階段，這個人終於明白，他的人生不是自己一手打造的。他的價值觀、卓越的標準和生活方式，都源於他成長的家庭、就讀的學校，以及許許多多幫助過他的良師益友和組織。他因此熱切的希望把這些傳承下去。

菲利普．路易斯寫道，當他是個年輕教授時，學生對他講述的東西提不起興趣，看起來很無聊，他就會覺得自己教得不好。[20]學生的反應左右他的教學體驗。後來，他改採傳承心態，了解任何領域都有一些必須傳授的東西，即使枯燥乏味，也得尊重這個學科。即使學生覺得無聊，他還是要教。

一個有傳承意識的人會欽佩別人，能看到他人的珍貴之處。這樣的人有耐心，了解人總是會不斷的發展，也善於陪伴。我認識一個人，此人不幸遭到公開羞辱。事後，有兩年之久，他的一個朋友每星期天晚上都找他出去吃飯。這個朋友就是這種意識的最佳榜樣。

具有這種意識的人可能會覺得孤獨。由於我是社區營造組織「編織者」的共同創始人，我訪問了數百位社區營造者——他們分別負責青少年計畫、食物銀行、遊民收容所等。他們因為有機會幫助別人而深感欣慰，但他們常會發覺孤立無援，沒有人在他們虛弱和疲憊時支持他們。在任何家庭或組織當中，看起來最強的人也會覺得孤獨。

我認為這些人雄心壯志不亞於剛踏入職場的年輕人，甚至超過他們。他們常對我說，這個世界需要很多，我不能讓人失望。根據我的經驗，無私奉獻的人和自私的人一樣會累垮——甚至可能更容易變成這樣。

圓滿vs失落

在艾瑞克．艾瑞克森筆下，人生的終極任務是獲得圓滿，否則就會有失落感。圓滿是一種在死亡面前坦然面對自己人生的能力。由於你已完成人生任務，不負此生，因此你覺得平靜自在。你有成就感，也能接受自己的人生。相形之下，失望則是帶有遺憾的感覺。你沒有照自己的想法過你的人生。絕望涉及痛苦、怨恨，對過去的錯誤耿耿於懷，覺得自己一事無成。人常會不想面對自己的悔恨，把自己的錯誤或失敗歸咎於外在因素，對這個世界感到生氣，把對自己的失望轉化為憤怒，並把這種憤怒投射到整個世界，認為一切都無可救藥。

處於這個階段的人會有強烈的學習欲望。全世界的演講廳擠滿了求知若渴的老人。他們仍保有童稚時期的好奇心，想要探索、了解周遭的一切。

這個階段的智慧是看出事物之間的關聯性。這是一種能同時容納矛盾和悖論的能力，不會受限於線性的解釋框架，能從多個角度來看事情。精神分析家菲利普·布隆伯格（Philip M. Bromberg）寫道：「健康是能站在不同現實的縫隙中，而不會失去任何一個現實。我認為這就是自我接納的意義，也是創造力的真諦——不但能感覺到自己是一個完整的自我，也能感覺多個自我，擁有多個身分和視角。」[21]

我與進行這項人生任務的人訪談時，經常發現他們可從日常生活的點點滴滴得到極大的滿足——如整理花園、跟朋友一起在餐廳吃早餐、去熟悉的度假地點、沉思日常生活之美。有一個快離開人世的人告訴我，他從未像現在這樣享受在大自然中漫步。

你會認為這是個孤獨的階段：一個人單獨坐在房裡，回顧自己的一生。其實，這是一個非常倚重人際關係的階段。心理學家蘿拉・卡斯滕森（Laura Carstensen）發現，人年紀愈大，情感往往會取代理性思考。[22]人不再壓抑自己的情緒，願意哭出來，善於把不同的情緒拉入到意識之中。死亡往往會使生活瑣事變得更微不足道。「癌症能治癒精神官能症，」歐文・亞隆治療過的一個病人告訴他。「很可惜，直到現在，我的身體被癌症侵蝕到千瘡百孔，我才知道怎麼過日子。」[23]

史學家威爾弗雷德・麥克雷（Wilfred McClay）的母親是傑出的數學家，作育英才無數，個性活潑，喜歡閱讀，口才極佳，非常健談。她不幸中風，變得無法言語。她起初認為這樣的人生是不值得活的，因此痛哭流涕。但她漸漸有了改變。麥克雷回憶說：「一股內在的力量使她產生變化，與我認識的她相比更深沉、溫暖、體貼、感恩，也更慷慨。」[24]她和家人想出各種方式來溝通，包括手勢、語調和她還能說的幾個單字。她會拍手，也會唱歌。「最驚人的是，」麥克雷寫道：「我母親仍是一個很棒的祖母。她毫無保留的疼愛我的兩個孩子，他們也同樣愛她。」在她孫子眼中，殘疾並未構成他們和祖母之間的障礙，他們了解祖母是什麼樣的人，跟她在一起覺得很快樂。他們不曉得自己讓祖母的人生變得豐富、美好。

檢視人生

希望本章對人生任務的探討能提醒你，你遇見的每個人，都處於人生成長過程的每個階段。我們常常看不到自己變了多少。正如心理學家丹尼爾．吉爾伯特（Daniel Gilbert）的名言：「人類一直是修改中的半成品，卻誤以為自己是成品。」我們還常忽視這麼一個事實，也就是人生境遇的轉變往往需要整個意識的革新。榮格說：「在人生的下午，不能按照上午的計畫進行，因為上午的大事，到了晚上可能變成小事；上午是真理，到了晚上可能變成謊言。」[25]

人生任務和所有的模板一樣，是為了讓你檢視自己的人生，看看你的人生是否符合模板。總的來說，說實在的，我可以從這種演化看到自己人生發展的軌跡。高中時，我處於人際階段。高三那年，我暗戀一個女孩。這是一種絕望、基於需求的愛。被她甩了的時候，簡直覺得天崩地裂。到了中年，我進入職涯鞏固階段，也因此封閉自我。今天，我希望自己純粹處於奉獻、傳承階段。但老實說，我仍卡在職涯鞏固和傳承任務的中間。我想要服務，但我依然在意衡量成功的標準。幾年前我寫了一本書，講述如何為他人而活。在剛出版那幾週，一直查看這本書在亞馬遜網路書店上的排名！我參加一場晚宴，本來想好好聽別人說什麼，但喝了一杯酒之後，就滔滔不絕講述自己的故事。我心中有一場內戰，交戰的是我的傳承意識以及我一直仍未完全擺脫的「以我為尊」。我猜，和我一樣的人不在少數。

任務的過渡期也許會很難熬。你致力於某項任務時，不免陷入某種思維模式。這種模式不適用時，你得斷然放棄。基根寫道：「所有的成長都是有代價的。你得揚棄舊的生活、思想方式。」[26]

這是思維模式的蛻變。嬰兒無法區分自己和父母，認為「我就是父母」，但到了兩歲，就知道「我不是父母。我有父母」。青少年可能深陷於人際意識，認為「友誼就是一切」，後來又會了悟：「友誼不是一切。我是擁有友誼的人。」不是說友誼突然變得不重要，而是不再是絕對重要的東西。「我重視友誼，但現在我的人生價值並不是取決於這個人或那個人是否喜歡我。」

我有一些五十多歲的朋友，因為孩子離家上大學或工作而出現嚴重的人生危機。他們一直認為自己是盡心盡力的父母，教養兒女就是他們的生活日常，突然間，這些都消失了。他們因而彷徨迷茫，不知道該做什麼。還有一些面臨退休的朋友，害怕失去工作就會失去自己在社會中的定位。總有一天，他們不得不把履歷拋在腦後。但他們還沒準備好接受這個事實。他們將不再是原來的自己。他們必須重新建構現實。俗話說，用製造問題的腦筋去解決問題是行不通的。要解決問題，必然要跳出製造問題的意識。

15 人生故事

我們活在一個沒有機會講述自己故事的社會。我們長年跟一些人一起工作、生活，卻不知道他們的故事。

幾年前，我和丹．麥亞當斯聊天。麥亞當斯是西北大學心理學教授，也是對小布希進行全方位心理側寫的傳記作者，在前面性格那一章，我就引用他書裡寫的。麥亞當斯提到他工作的另一面。他還研究人們如何建構個人敘事——也就是如何講述自己的人生故事。為了研究這個問題，他請研究對象到校園，並提供酬金以感謝他們的參與。他們花四個小時接受訪談，回答問題，麥亞當斯因而得以了解他們的人生故事。例如，麥亞當斯請他們講述自己人生的高潮、低谷和轉捩點。接受訪談的人有半數在講述自己人生的艱辛時，不禁落淚。訪談結束時，大多數的人都很激動。他們告訴麥亞當斯，從來沒有人問起他們的人生故事。有些人甚至想把酬金還給他。他們說：「這個下午有這麼棒的體驗。真是難得。我不該收錢。」顯然，我們活在一個沒有機會講述自己故事的社會。我們長年跟一些人一起工作、生活，卻不知道他們的故事。怎會如此？

其中一個原因是忙碌：我們要接送孩子、要買菜、要看 TikTok，哪有時間問起別人的人生故事？另一個原因是害怕被拒絕。如果我主動跟人攀談卻被拒絕，必然會很難受。社交焦慮是一種真實的心理障礙。然而，我們從來不問彼此的人生故事、不願分享自己的故事，也許還有一個更簡單、更容易理解的原因。

十年前，有一天芝加哥大學教授尼可拉斯．艾普利搭火車去學校。由於他是行為心理學家，深知社會連結是快樂、成功、健康和幸福人生最重要的來源。人類是喜歡溝通的社會動物。然而，那天在通勤火車上，他環顧四周，發現了一點：沒有人說話，乘客不是戴耳機，就是盯著手機。他想知道：這些人為什麼不做最快樂的事？後來，他做了一些實驗，誘導乘客在上班通勤時與他人交談。結果，到了目的地時，這些人向研究人員表示，他們聊得很開心。不管內向或外向，這些人都覺得與人交談要比盯著手機螢幕有趣得多。

那麼，為什麼我們不多跟人交談？艾普利繼續研究，終於找到答案：我們無法預測別人是否想要交談，因此不輕易打開話匣子。我們低估別人想要交談的意願；我們低估自己能學到的東西；我們認為別人不會很快就想要跟自己深入談話或是說起個人的事。如果你稍微鼓勵一下別人，他們就會興致勃勃的分享自己的人生故事。我希望我已經說得很明白了，人人都渴望被看見、聽見、被理解，這種渴望有時甚至是一種迫切的需求。然而，我們建立的文化和行為規範卻阻礙了這一點。解決之道其實很簡單、容易、有趣：請別人告訴你他們的故事。

聽人說故事

聽艾普利講述他的研究，之後每次搭機、坐火車或是去酒吧，我都會跟陌生人攀談，因此有了很多難忘的經驗。如果我一直戴著耳機，沉浸在自己的世界裡，就不會有這樣的體驗。在我寫下這些文字的前幾天，我從紐約甘迺迪機場飛往華盛頓特區的雷根機場。一位老先生坐我隔壁。我沒埋頭看書，而是跟他閒聊，問他哪裡來的，又詢問他的人生經歷。他告訴我，他生於俄羅斯，十七歲那年獨自移民美國。他先是在一家工廠掃地，以養活自己，後來開了公司出口T恤等衣物到開發中國家。他告訴我，他如何從川普的鐵粉變成「川黑」。他說，他剛去義大利度假，拿出手機，給我看在那裡遊玩的照片——在大型遊艇上四處遊蕩、被俊男美女包圍、高舉香檳酒瓶。這傢伙已經七老八十，還像花花公子一樣遊戲人生！最後，他說完他的故事，歷數他這一生的曲折和起落，我都記不清他離了幾次婚。我的朋友圈子未曾有這樣的人，但窺探這個人的世界著實有趣。

自從了解艾普利和麥亞當斯的研究之後，與人對話我傾向說故事，而非只是評論。心理學家傑隆．布魯納（Jerome Bruner）把人的思考模式分為兩種：典範模式（paradigmatic mode）與敘述模式（narrative mode）。典範模式是符合邏輯、科學的分析、思考，是一種論辯，是涉及累積資料、蒐集證據和提出假設的心理狀態。很多人在職業生涯都必須採取典範模式的思考：製作 PowerPoint、撰寫案件摘要、發布命令，像我寫專欄文章闡述觀點也是。典範模式非常適合了解資料、論證提議的可行性和分析不同人群的趨勢。但要了解一個人，這種模式就不適合。

反之，若要了解在你面前的獨特個體，就必須採取敘述模式。故事可以呈現個人獨一無二的個性以及此人在一段時間之內的變化。故事可以捕捉無數微小的影響，看這些事件如何塑造一個人的人生，看一個人如何掙扎、拚搏，如何被幸運和厄運左右。一個人對你講述他的故事時，這個人會給你更具個人色彩、更複雜，也更吸引人的印象。你得以經驗他們的故事。

我們活在典範豐富但敘述貧乏的文化中。例如，華盛頓的政論節目會避免任何關於個人的內容。參議員或新聞人物會代表這個或那個政黨提出論點。主持人用事先擬好的問題來拷問來賓，挑戰他們的立場。來賓當然有備而來，吐出一些照本宣科的答案。整個過程就像是言語角力。我真希望看到主持人能拋開問題，問道：「說說你自己。」就算只有一次也好。那會更有意思，也能帶來更健康的政治氛圍。但我們的文化不鼓勵這樣做。

你從事什麼職業，就會變成什麼樣的人。如果你幾乎一整天都在典範模式之下思考，這樣的思考習慣很可能會使你忽略人的因素，無視個人情感和體驗。你也許會認為講故事是不嚴謹或幼稚的。如果你有這種想法，就會經常誤解別人。因此，我在與人交談時，會盡量抗拒典範模式，採用敘述模式。我不會只是問：「你對X有什麼看法？」而是問：「你怎麼會相信X？」這種提問方式會使人講述，哪些事件使他們有這樣的想法。同樣的，我不會請別人告訴我他們的價值觀，我會這麼說：「告訴我對你價值觀影響最大的人。」如此一來，他們就會開始講故事。

我也會請他們講過去的事：你在哪裡長大？你什麼時候知道自己想這樣度過一生？我也不會不好意思問起他們的童年：你兒時的志願是什麼？你父母希望你成為什麼樣的人？最後，我還會問他們的意圖和目標。如果對方告訴你自己的意圖，就會在無意中透露他們曾去過哪裡，將來希望去哪裡。例如，最近我和太太與一位傑出的女士聊天。這位女士已從工作多年的崗位退休。我們問她一個簡單的問題：未來你希望怎麼過日子？她說了很多，描述自己如何因應因為退休而失去的身分。長久以來，她一直是別人求助的對象，但現在她不得不謙卑的向別人尋求幫助。她告訴我們，她發現自己很難預測什麼能讓她快樂。她原先構想的退休計畫似乎行不通。她現在發覺，最好敞開心扉，迎接種種意想不到的可能性，讓這些進入她的人生。聽她講述過去幾年的生活，真是很有意思，但最棒的部分，就是她對人生抱持開放的態度。她已準備好面對未來，滿心歡喜的接受。

準確、連貫的講述人生故事也是一項重要能力，然而這也是學校沒教的一課。能敘述個人故事才能過著有意義的人生。除非你知道如何講述自己的故事，否則你不知道自己是誰。如果你無法把人生的零碎片段整合起來，賦予意義，使之成為一個連貫的故事，你就沒有穩固的自我認知。只有知道自己是什麼故事的一部分，你才知道下一步該怎麼做。你知道痛苦是故事的一部分，明白未來能得到好處，你才能忍受痛苦。丹麥作家伊薩・狄尼森（Isak Dinesen）說道：「寫進故事裡的悲傷都是可以承受的。」

因此，我現在努力抗拒我們文化的典範模式，設法讓生活「故事化」。哲學家沙特（Jean-Paul Sartre）曾說：「一個人永遠是說故事的人。他活在自己的故事和別人的故事裡。他透過故事來看待發生在自己身上的一切，而他過的生活就像他講述的故事。」

內心的聲音

我傾聽別人的故事時，會特別注意幾點。首先，我會留意特有的語氣。就像每篇文章都有敘述者，每個人講話也會有特別的語氣：調皮或嘲笑，諷刺或真誠，開心或嚴肅。敘述語氣反映一個人對世界的基本態度，投射出這個人內心的感受——安全或是受到威脅，接納、失望，或是荒謬？一個人的敘述語氣往往會顯現他們的「自我效能」，也就是對自己能力的信心。

這種內心的聲音是大自然中最偉大的奇蹟。人生常常會出現暴風雪般的隨機事件：疾病、意外、背叛、好運、災厄。然而，每個人的內心深處，都有一個小小的聲音試圖了解這一切。這個小小的聲音會把人生看似零散的事件，組成一個有連貫性、有意義、有目的的故事。

試想：你的頭顱裡有三磅重的神經組織，不知為何，就此產生意識思維。你出現了！沒有人知道這是怎麼發生的！大腦和身體如何創造出心靈，至今無人知曉。因此，如果你要研究一個人，就像面對一個讓人敬畏不已的巨大謎團。

關於內心的聲音，這個敘事者，奇怪的是它會無端出現，又無端消失。研究人員研究內心的聲音，發現對某些人來說，這個聲音幾乎無時不刻不在嘀嘀咕咕。還有一些人的內心則有長時間的靜默。拉斯維加斯內華達大學的羅素・赫伯特（Russell T. Hurlburt）及其同事發現，人平均有百分之二十三的時間會經歷內心的自言自語，[1]在其餘時間，這種聲音可能只是一種情緒、一首歌曲，不會感受到內心敘述者的存在。因此，我太太問我在想什麼的時候，我這麼告訴她：「親愛的，老實說，我的腦子常常一片空白，就像個空空如也的大箱子。」

有時，內心的聲音聽起來像是正常人說話，有時則是一大堆思緒的片段以及尚未完全成形的想法。密西根大學心理學家伊森．克洛斯在他的著作《喋喋不休》（*Chatter*）提到有一項研究發現，我們自言自語的速度很快，相當於每分鐘嘰哩呱啦的說出四千個字。[2]每四個人就有一個能在自己腦海中聽到別人的聲音。[3]約有半數的人在自言自語時經常會用第二人稱（「你」）對自己說話。有些人對自己說話時會叫自己的名字。[4]對了，在自言自語時用第二人稱、甚至第三人稱稱呼自己的人比較不會焦慮，演講表現得更好，工作效率更高，也更能有效溝通。如果你能這樣與自己保持距離，那就應該這麼做。

英國杜倫大學查爾斯．費尼霍（Charles Fernyhough）是研究內心聲音的頂尖學者。他指出，有時我們覺得內心之聲不是自己發出的，而是我們在傾聽自己的內心說話。也就是說，有時我們覺得我們無法控制這種聲音，我們只是聽眾。這種聲音會用我們不堪回首的回憶、殘酷的想法折磨我們。有時，我們似乎連自己的聲音都無法掌控，就像無法控制自己的夢境。正如哲學家威廉・詹姆斯（William James）所言：「思想本身就是思想者。」

費尼霍說，我們內心中的話語是由腦中不同角色的對話組成。波蘭研究人員普哈爾斯卡－瓦瑟（Malgorzata M. Puchalska-Wasyl）請人描述他們在腦海中聽到的角色，發現人們內心的聲音通常可分為四種：忠實的朋友（會跟你說你有哪些個人優勢）、矛盾的父母（會關心你，也會對你嘮叨）、驕傲的對手（會鞭策你，要你更加努力），以及無助的孩子（自憐自艾）。[5]

因此，我聽別人講述自己的故事時，也會問自己：出現在這個人腦海裡的是什麼樣的角色？是自信的聲音、疲憊的聲音、後悔的聲音，還是充滿期待的聲音？我喜歡小說中的敘述者用感傷、懷念的語氣娓娓道來。費茲傑羅（F. Scott Fitzgerald）《大亨小傳》（*The Great Gatsby*）、羅勃特・潘・沃倫（Robert Penn Warren）的《國王的人馬》（*All the King's Men*）和福特・馬多克斯・福特（Ford Madox Ford）的《好士兵》（*The Good Soldier*）筆下的敘述者都有歷經滄桑的語調。他們彷彿在回顧輝煌的過去，那時他們有著鮮活的夢想，世界充滿新奇，失望也還沒籠罩生活。我覺得這種聲音就像是用小調寫出來的，非常動人。但在現實生活中，我可不希望周遭的人用這種聲音說話，我比較喜歡我朋友凱特・柏勒那樣的聲音。正如前述，凱特幾年前確定罹癌時，孩子還很小。她的聲音楚楚可憐，教人不由得坦承自己的脆弱，但她主要傳遞這樣的訊息：就算人生滿手爛牌，也要幽默以對。她的聲音很吸引人，讓人想跟她親近，也會激發你的幽默感。她的聲音總是充滿笑聲。

別人對我講述他們的故事時，我問自己的下一個問題是：故事的主人翁是誰？到了三十歲左右，大多數的人都會形成麥亞當斯所說的「心像」（imago），一種原型或理想化的自我形象。「心像」代表一個人希望自己在社會中扮演的角色。他發現，一個人可能把自己塑造成療癒者，而另一個人可能是照顧者，而其他人可能是戰士、賢者、創造者、顧問、倖存者、仲裁者或是雜耍者。每當有人講他們的故事給我聽時，我發現辨別他們的心像有助於了解他們。正如麥亞當斯寫道：「心像表達我們最珍視的願望和目標。」[6]

有一天，在電影「自殺突擊隊」（*Suicide Squad*）的拍攝現場，扮演神槍手的威爾・史密斯跟演突擊隊召集人的薇拉・戴維絲聊天，問她是什麼樣的人。她一時之間不明白他在問什麼，威爾・史密斯舉例說：「瞧，我一直是那個被女友甩了的十五歲男孩。我永遠是這麼一個人。你呢？」於是戴維絲答道：「我是那個三年級時每天放學都拔腿快跑的女生，因為男生都討厭我，因為……我不漂亮。因為我是……黑人。」[7]

戴維絲在《尋找自我》（*Finding Me*）這本回憶錄中刻畫了一個非常清晰的心像。她在非常窮苦的環境下成長，父親是個愛發飆的酒鬼，她總覺得自己是局外人，是個被詛咒的人。即使她只是個小女孩，她已有與困境搏鬥的心志，也建立了自我認同。「我贏得拼字比賽時，」她寫道：「我把我的金星獎牌給每個人看，以提醒他們我到底是誰。」[8]戴維絲的自我心像是「鬥士」：「我的姊妹都與我並肩作戰。我們一直在戰鬥，為了自己存在的意義而戰。我們都是戰士，為了自己的價值而戰。」[9]

在戴維絲的書中，你知道主人翁是誰，她是什麼樣的人。並非每個人都能建立如此清晰的自我認同。心理學家詹姆斯・馬西亞（James Marcia）論道，自我認同的建立有四個層次。最成功的人已達成他所說的「認同達成」（identity achievement）。他們探索不同的身分認同，講述關於自己的不同故事，最後確認英雄認同是適合自己的。發展較低的人可能處於「早閉型認同」的狀態。過早建立認同——例如，「我父母會離婚都是我害的」，或是「我是體育健將，高中時期的風雲人物」。這種認同流於僵化，不會改變。還有些人則是在「迷失型認同」的狀態。這些人還不成熟，從未探索自己的認同。他們沒有任何清晰的認同，不知道自己要做什麼。還有一種是「未定型認同」。這種人永遠都在探索新的認同，不斷的變換身分，從未確定自己是什麼樣的人，永遠找不到一個穩定的心像。

我聽別人講述他們的故事時，問自己的第三個問題是：情節是什麼？人生故事是在漫長的一生中慢慢建構出來的。說來，兒童還沒有人生故事。進入青春期左右，大多數的人會開始給自己的人生加上敘事框架。起先，他們會做很多嘗試。例如，麥亞當斯曾在一項實驗中要求一群大學生列出自己人生的十個關鍵場景。[10]三年後，他向同樣的學生提出同樣的要求，只有百分之二十二的關鍵場景出現在第二份清單。這些學生正處於了解他人人生故事情節的早期階段，因此心目中的人生關鍵事件變得不同。

成年後，大多數的人已確定人生的主線。我們人生故事的主線往往來自我們文化中常見的故事。克里斯多福・布克（Christopher Booker）在《七個基本情節》（*The Seven Basic Plots*）中描述少數幾個不斷在我們文化出現的情節，以及我們如何利用這些情節來講述自己的人生故事。例如，有些人把自己的人生看成是「戰勝怪獸」的經過，主人翁透過友誼和勇氣戰勝一些重大威脅，如酗酒。還有一些人則認為自己的人生故事是「翻轉人生」的戲碼，從一文不名到揚名立萬。有些則將自己的人生視為「追尋之旅」，為了追求某個目標而踏上旅程，並在這個過程中歷經蛻變。人生肯定不只這七個情節，但每個心理健康的人可能都有一個具有主導作用、自我定義的故事，儘管他們不完全意識到這點。

麥亞當斯發現，很多美國人都會講述救贖的故事。也就是說，他們的人生情節如下：一開始發生了不好的事，然而經過不幸的洗禮之後，變得更堅強、更有智慧。例如：我早年幸運。我看到別人的痛苦。我找到了我的道德目標。我經歷痛苦。我從痛苦中成長。我憧憬美好的未來。如果你跟美國人交談，想了解他們是怎樣的人，就看看他們的人生故事是否符合這個模型，如果不符合，原因為何。

文化人類學家瑪麗·凱瑟琳·貝茨森（Mary Catherine Bateson）在《譜寫人生》（*Composing a Life*）一書中論道，我們經常會削足適履，想要把自己的人生塞進整齊、線性的故事，涉及一連串的決定與承諾：我決定當醫師，追求我的夢想。她說，其實人生多半並非如此。[11]人生不是線性的，會有斷裂、不連續和錯誤的開始。她寫道，我們需要告訴年輕人，他們在二十二歲那年做的第一份工作，未必會影響自己四十歲時做的事。有人把自己的人生比喻為衝浪，這樣的故事總教我入迷：浪來了，我在浪頭騎乘，之後乘上另一道浪，又一道。很少人能這麼輕鬆的接納人生。

接下來，我要問自己的問題是：這個敘述者有多可靠？我想，所有的故事或多或少都有虛偽不實、自欺欺人的成分。十七世紀思想家拉羅什福柯（François de La Rochefoucauld）曾提醒我們：「我們太習慣對他人偽裝自己，結果往往連自己都不認得自己。」有些人虛偽、作假到了極點。他們陷入深深的不安全感和自我懷疑，你要他們講述自己的故事時，他們交出來的不是事實的描述而是表演。小說家威廉・福克納（William Faulkner）在第一次世界大戰落幕後穿著飛行員制服回到家鄉，口沫橫飛的敘述他擊落德國軍機的英勇事蹟。儘管他曾在多倫多軍事學校接受訓練，卻未曾上過戰場。偉大的指揮家伯恩斯坦（Leonard Bernstein）在接受訪談時告訴記者：「我家境貧寒。」[12] 還說他在就讀高中時，「完全沒上過音樂課。」其實，伯恩斯坦是富家公子，家裡有女僕、司機，甚至還有度假別墅。他在學校的管弦樂團擔任鋼琴獨奏，也是學校合唱團的團員。

有些人的故事避重就輕。心理治療師史蒂芬・寇普寫道，他母親經常會講自己的故事，問題是：「她幾乎省略所有困苦的部分。因此，她的敘事是用事實的片段編織出來的，這些片段湊在一起，成了令人羨慕的封面故事。但這只是願望，只有光明面，陰暗面都不見了。」[13]她覺得承認痛苦是可恥的，因此她的故事沒有痛苦。由於她的故事沒有面對痛苦這回事，她也就無法面對現實生活中的痛苦。有一天，寇普打電話給她，哭著說，他最要好的朋友突然離開人世。「她幾乎不知道要說什麼，也不知道如何安慰我，」他回憶說。「畢竟，誰安慰過她？她迫不及待想要掛電話。」[14]

有些人告訴你的人生故事太完美了。沒有偶發事件；他們人生的每個插曲都是精心策劃好的。他們以一種不真實的方式描述一個又一個勝利，一個又一個成就。神話學家約瑟夫．坎伯（Joseph Campbell）寫道：「要描述一個人，只有一個方式，也就是描述他不完美的地方。」[15]自我描述也是。

最後，我聆聽人生故事時，會特別注意敘事的靈活性。人生就是不斷的奮鬥、打磨，讓你的故事有更好的版本。大多數的人有時會經歷敘事危機——由於一些變故，以前的人生故事不再有意義。也許當建築師是你畢生的夢想。如果有人問起你的童年，你會說你從小就對建築和房屋著迷。然而，你沒考上建築學校，或是考上了但覺得很無聊，最後做起別的事情。這時，你必須回到過去，重寫你童年的歷史，才能跟現在的人生連貫起來。

心理治療師就是人生故事的編輯者。病人來接受治療，因為他們的故事有問題，通常是因為搞錯了因果關係。不是自己的錯卻歸咎於自己，或把自己的錯推卸給別人。心理治療師會與你一再回顧人生故事，帶你走出對自己敘述、自我欺騙的思考螺旋。他們會幫助你運用想像重新建構自己的人生。通常，治療的目的是幫助病人，使他們可以講述更準確的故事，在這個新的故事中，病人擁有主導權，得以掌控自己的人生。

我發覺，年紀愈大，就愈能建構更準確、更吸引人的故事。我們學會發現自己的優點和弱點、反覆出現的行為模式、推動我們向前的核心願望。我們回顧往昔，重新詮釋過去，變得更寬容，也更懂得感恩。斯沃斯摩爾學院（Swarthmore College）文學教授菲利普．溫斯坦（Philip Weinstein）寫道：「事後反思、釐清，有選擇性的排序，才能使人得到平靜。」[16]

後退一步看人生

最近，我聽別人講述他們的故事時，像聽音樂聆聽他們那跌宕起伏的人生旋律。和音樂一樣，故事也是會流動的，有著節奏和旋律。我知道，講述人生故事也是一種誘惑。於是，我問自己，他們講的故事完整嗎？

最近，我去探望一位因罹患癌症住院的朋友。沒想到他只剩下一個星期的生命。我沒要求他說自己的故事。不過，他很健談，不斷講述他的過去。他主要提到別人對他的好，說自己不配。他告訴我，他常在半夜醒來，想起他的母親。他用驚奇的口吻說：「我跟我母親很親，我們關係深厚。」他也悔恨的說，有一段時間，他因身居要職，對身邊的人冷淡無情。他回溯過去，發現在每個轉角都有讓他感激的事情。神學家理查．尼布爾（H. Richard Niebuhr）寫道，如果我們以誠實和悲天憫人之情講述自己的人生故事，「我們就會了解我們記得的東西，也會想起遺忘的事情，以前覺得陌生的東西也會變得熟悉。」

我還注意到一點，我在聽他人講述人生故事時，不只是聆聽，也幫助他們創造自己的故事。幾乎沒有人會坐下來撰寫自己的人生故事，然後在別人問起的時候說出來。對大多數的人來說，只要有人請我們講自己的故事，我們就得後退一步，把過去的事件組織起來，變成連貫的敘事。你請別人講述故事時，就是給他們機會，讓他們後退一步，回顧人生，建構有關自己的敘事，或許他們會用新的方式看自己。除非得到他人的肯定和認可，否則沒有人能擁有真正的身分。因此，我聽你述說，你會看到我如何肯定你或否定你。你會發現故事中哪些部分能引起共鳴，哪些則否。如果你用空洞的口號來描述自己，我會退避三舍。然而，如果站在我面前的你更透明，讓我能看到你的缺陷和天賦，你就會覺得我看你的眼光充滿尊敬和友好，因而帶來成長。我們可從每個人的一生發現某個模型，還有一條貫穿始終的故事線。如果有人給我們機會講述，就能發現這個故事。

16 尋根

要真正了解一個人，你必須把人視為文化繼承者以及文化的創造者。

佐拉．尼爾．赫斯頓（Zora Neale Hurston）在一八九一年生於阿拉巴馬州。她三歲時，舉家遷移到佛羅里達州的伊滕維爾（Eatonville）。伊滕維爾在奧蘭多市郊，是個黑人城鎮。市長是黑人，警長是黑人，市議會也全是黑人。

佐拉還在娘胎就急著出來。預產期還沒到，她已迫不及待。產婆不在，一個白人經過她家，聽到她母親的哀嚎聲，出手相救，用他隨身攜帶的摺疊刀割斷臍帶，再用一塊布好好把她包起來。她父親身材魁梧——本來是木匠，後來成為牧師，人稱「上帝的戰斧」，打從她出生就不肯原諒她——只因她是女孩。這個做父親的對她一直很冷淡。她的母親個子嬌小，卻很有抱負，無論遭遇多大的阻力，都拒絕熄滅佐拉的鬥志。多年後，佐拉回憶說：「我是媽媽的心肝寶貝。」[1]

魂縈夢繫之地

他們一家住在一條大路旁。她還是個小女孩時，就常走近經過的馬車。不管車夫是白人或黑人，她常大膽要求：「我可以跟你們坐一段路嗎？」[2]車夫被她那自信的樣子迷住，就把她抱上馬車。她一上車就問東問西問個沒完。沒多久，他們就讓她下車，怕走太遠，她就走不回去了。

有一年，父親問她想要什麼聖誕禮物。她不假思索的回答：「有白色馬鞍的漂亮小黑馬。」[3]

薇樂莉・博伊德（Valerie Boyd）在《彩虹人生：佐拉・尼爾・赫斯頓傳》（*Wrapped*

in Rainbows）一書寫道，佐拉的父親因為這個要求大發雷霆。「一匹馬！這是罪惡，也是恥辱！老子告訴你：小姑娘，你不是白人。休想騎馬！你膽子真大。我怎麼會生出你這種孩子。家裡其他孩子都不會像你這樣。」

她的父母常因她自信的表現而爭吵。她母親常對她說：「對著太陽跳吧。也許我們不能在太陽著陸，至少可以離開地面。」[4]她父親則拘束她，不想讓她在更廣闊的世界闖蕩，免得惹上麻煩。她後來回憶說：「他唱衰我，說白人不會容忍我這樣的女孩。我還沒長大就會被吊死。」

當時，喬・克拉克商店前廊是小鎮社交中心。男人下午和晚上都在那裡廝混——吹牛、說人閒話、談天說地。她在回憶錄《車塵馬跡》（*Dust Tracks on a Road*）寫道：「對我來說，那家店的前廊是全世界最有趣的地方。」[5]

大人不許年幼的佐拉在門廊閒晃，因此她每回走過這裡總會放慢腳步，豎起耳朵。她無意中聽到有關成人禁忌世界的對話——男人吹噓自己的性事，這個或那個鄰居捲入聳動的醜聞。她寫道：「在喬・克拉克商店的門廊，沒有微妙隱晦的互動，」她寫道。「你看得到善意、憤怒、仇恨、愛、嫉妒等，所有情緒都是赤裸裸的，毫無遮掩的顯露出來。」

她撿拾言語碎片。[6]男人喜歡耍嘴皮，互相揶揄，說對方是鯔魚頭（mullet-headed，意為蠢蛋）、騾耳、斜眼、豬鼻、鱷魚臉、山羊肚、鏟子腳等。他們還會講故事，說南方的民間傳說——兔子兄弟和狐狸兄弟的故事、上帝和魔鬼的故事，還有狐狸、獅子、老虎和禿鷹的故事。他們說，這種說故事馬拉松就是「吹牛大會」。

這些語言和故事為佐拉．赫斯頓的作家生涯奠定基礎，成為她日後寫作的素材。正如薇樂莉．博伊德寫的：「佐拉．赫斯頓長大後所寫的一切和她相信的一切，都可追溯到伊滕維爾。這裡就是她童年記憶的場景，也是她長大成人的地方。赫斯頓最初就在此地接受個人主義的啟蒙，這裡也是她首次融入社區生活的地方。」[7]

很多人都是這樣。地球上，有個地方是神聖的，那是你的故鄉，你魂縈夢繫之地。當你回想起故鄉或故居，有時那裡的土壤、山脈就會浮現在你的腦海之中。你憶起風吹拂過一大片作物，或許還會回想起當地工廠飄散出來的氣味。最終，讓你記憶猶新的，是那些人，在你童年生活那戲劇性的全景圖上出現的各色人物。你的世界就圍繞著這些人展開。

我在曼哈頓長大。如果你從東區第十四街往南，走個一英里左右，就會經過我曾祖父開肉鋪的地方、我祖父工作的法律事務所、我父親成長之地、我上小學的地方以及我兒子上大學的地方。我們五代人都住在這裡，這裡充滿我們的回憶和情感——我曾在這裡的遊樂場被狗咬，這裡的美食鋪有我愛喝的冰淇淋汽水，以前嬉皮常在這裡的拉法葉街出沒，第二大道則是我祖父帶我去吃鬆餅的地方，他會放任我，讓我淋上一大堆糖漿。我可能再也不會住在紐約，但無論住在任何地方，都無法完全融入。最初我住在紐約，在紐約成長，紐約長在我心。我不知不覺有了這樣的偏見：如果你不住在紐約，就不知道努力生活、追求夢想是怎麼一回事。

我們至少會經歷兩次童年。第一次，我們會用驚奇的目光經歷童年的一切，長大之後，又會回顧童年，以了解童年的意義。藝術家經常會回到童年住的地方，因為那是他們精神滋養的源泉，並了解為什麼自己是現在這個樣子。童妮・摩里森（Toni Morrison）寫道：「所有的水都有完美的記憶，永遠會努力回到源頭。作家也是如此：會記得自己去過的地方，流經哪個山谷，記得河岸的樣子、那裡的光線和回到原地的路線。這是情感記憶——你的神經和皮膚記得的一切，以及當時的情緒體現。」[8]

佐拉小時候曾有幻覺。有一天，她做了個奇怪的夢，夢見未來。那個夢境並不是一個完整的故事，只是一連串不連貫的影像，就像幻燈片：她在流浪；愛人背叛她；兩個女人，一老一少，在一棟大房子裡，一邊等她，一邊用奇花異草插花。

「我有超越時代的知識。我知道我的命運，」她寫道。「我知道我將成為孤兒，而且沒有棲身之處。我還幼小，就有預感，我會失去溫暖的家。我在寒冷之地漂泊，無依無靠，直到我的懲罰結束。」[9]

不久，她的母親露西得了重病。當時在南方，對待臨終之人有些迷信的習俗：移開垂死者的枕頭，使其靈魂更容易進入來世；遮蓋所有的時鐘，以免垂死之人看到，時鐘將永遠停止；遮住所有的鏡子。露西討厭這些迷信，要女兒別做這些事。但在她就要嚥下最後一口氣之時，其他家人拿走了枕頭，也用布蓋上時鐘和鏡子。佐拉抗議，但她父親壓制了她。露西呼吸急促，想要說些什麼，但沒人知道她在說什麼。接著，她就斷氣了。沒能遵從母親的遺願這件事，讓她終生遺憾。「在玩耍的時候，半夜清醒的時刻，在聚會結束回家的路上，甚至在上課的時候，我的思緒會脫離束縛，瞪著我。」[10]她永遠不知道母親臨終時究竟想告訴她什麼。

母親過世後，一家四散，赫斯頓開始流浪。[11]就像她小時候在幻覺看到的，她就像孤兒，漂泊不定：傑克森維爾、納許維爾、巴爾的摩、華盛頓、哈林。她在一個巡迴劇團擔任助手。二十六歲那年，她謊稱自己只有十六歲，才有免費上高中的資格。從那時起，她一直假裝比實際年齡小十歲。她有遠大的抱負，想要做大事。「噢，但願你知道我的夢想！我的雄心壯志！」[12]她在給朋友的信中這樣寫道。她曾在哥倫比亞的霍華德大學和哥倫比亞大學伯納德學院就讀（她是該校唯一的黑人學生）。她和她的朋友朗斯頓・休斯（Langston Hughes）是一九二〇年代黑人文化運動哈林文藝復興（Harlem Renaissance）的中心人物。她出版了一系列短篇小說，多半以伊滕維爾為背景，以家鄉的方言撰寫。儘管她在紐約成為作家，聲名鵲起，但一直覺得自己只是紐約過客。

她在伯納德學院攻讀人類學，師事法蘭茲・鮑雅士（Franz Boas）。鮑雅士是德國移民，是美國人類學先驅。鮑雅士問她想在哪裡從事人類學研究，她不假思索的說：佛羅里達。於是，她回到家鄉伊滕維爾，在當地蒐集民間傳說、舞蹈、民俗資料。這些都是她從小耳濡目染的。她開始記錄這些故事和聲音。她在給朗斯頓・休斯的信上寫道：「我漸漸深入黑人藝術和傳說。對這些，我開始有了真正的認識。這將是一件大事。我不斷發現最美妙的種種可能。」[13]

赫斯頓決心讓世人知道這些黑人文化的古老故事。例如，一九三二年，她在紐約約翰戈登劇院（John Golden Theatre）推出一場民間音樂會，講述佛羅里達州鐵路工地一天的生活，從黎明工人在營地醒來，到午夜熱鬧的巴哈馬火舞——早在「漂白」後的黑人靈歌登上百老匯舞台之前。赫斯頓用這樣的文化遺產來反擊那些貶低黑人生活和南方黑人文化的人。當代作家但丁．史都華（Danté Stewart）在《評論》（*Comment*）雜誌上寫道：「記憶、歷史就是他們反抗的武器。」[14]

兩種視角

佐拉．尼爾．赫斯頓胸懷壯志。她一直在往上爬，一直在探索，一直在前進。她有這樣的力量，因為她知道自己是從哪裡來的，她知道祖先留給她的遺產，知道作古已久的先人會用什麼方式出現在她的人生。十八世紀哲學家艾德蒙．伯克（Edmund Burke）寫道：「不會回顧祖先的人，對後代也就沒有期望。」世世代代祖先，在幾百年間所做的選擇都將影響我們的意識。這些選擇包括他們嫁娶的對象、定居地、加入這個或那個宗教團體等。換言之，每個人都是歷史洪流的一部分，是代代相傳的產物，只有從這個脈絡來看，才能真正了解一個人。對赫斯頓來說，塑造她意識的人包括伊滕維爾的鄰居、曾被奴役的祖先、更久遠的非洲祖先，以及他們代代相傳的教訓和文化。

赫斯頓與長久的文化傳承有深刻的共鳴，不只貫穿她的心靈，更深入她的骨髓。她坐在哈林一家夜總會聽爵士樂時，一種原始的感覺會在她內心湧現。「我在自己的內心狂舞，我在那裡吶喊，我大叫……我的臉塗上紅色和黃色的顏料，身體塗上藍色。我的脈搏像戰鼓一樣咚咚咚的搏動。」

她創作的故事拒絕刻板角色、代表性類型和一般的黑人經驗，而是專注於刻畫獨特的個體。她寫道：「我感興趣的是，不管一個人的膚色為何，什麼讓這個人做出這樣或那樣的行為。」[15]她覺得她的族裔形形色色。一個黑人女人可能聰明或是愚蠢、有同情心或冷酷無情、體貼或是殘忍。「如果你對美國黑人沒有一個清晰的印象，那麼你和我是一樣的。『黑人』不能盡述我們。我們的生活千差萬別，我們的內在態度迥然不同，外表和能力也千姿百態。沒有一種分類能把所有的人都涵蓋在內，除了我的族人！我的族人！」[16]

赫斯頓挑戰人們今天根據群體為他人分類的懶惰做法。今天，在這個身分政治主宰的世界裡，我們經常用分類來簡化一個人：黑人／白人，同性戀／異性戀，共和黨人／民主黨人。這是一種忽略個人特質與價值的粗暴分類。但赫斯頓用自己的例子讓我們知道張開雙眼好好看別人的真正含義：我如何將一個人視為其群體的一部分？同時，我如何將他們視為一個永不重複、獨一無二的個體，有著獨特的思想和觀點？

如果我只看到佐拉．尼爾．赫斯頓這個人，看不到黑人文化，那就太荒謬了。如果我眼裡的她只是一個黑人，也很離譜。有人告訴我，他們覺得別人看錯他們、誤會他們，往往是因為別人沒把他們當成是獨立的個體，而是某個類別的人。兩年前，有個優秀的烏干達學生告訴我，一天晚上他在紐哈芬街上看到一個中年白人婦女走過來。她看到他，隨即穿過馬路，以遠離他。接著，她躲在一棵樹的後面。樹幹很細，根本就遮不住她的身軀。但她還是蹲在那裡，假裝沒有人可以看到她。顯然她是用一種白痴分類來看我的學生，因此被恐懼和成見蒙蔽。這個學生不覺莞爾，說自從他來到美國，這種事情不知發生過多少次，他已見怪不怪。這裡的人只看到他所屬的群體，並給這個群體貼上各種標籤。

要看清楚一個人，困難之處在於採用我在〈艱難對話〉那一章提到的雙重視角。這意味後退一步，了解群體文化的力量及這種力量是如何經過幾代人而形成，然後灌輸到每一個人身上。此外，你也得前進一步，感知他人如何創造自己的人生，發展出自己的觀點，而他們的獨立見解往往會挑戰所屬群體的固有觀點。訣竅就是同時採用這兩種視角。

這是很複雜的事。人生的一大謬誤就是認為文化即一切；另一大謬誤則是認為文化什麼也不是。我發現從「賦予」的角度來看很有幫助。每個人都可以這麼說：「上天賦予我某種才華。我是人類歷史長河的一部分。我從前人那裡得到很多。」但是人不是被動的容器，只會接受文化的灌輸。其實，人人都是文化的共同創造者，擁抱文化的某些部分，排拒其他部分——接納過去的故事，並加上自己的故事使之轉化。要想看清一個人，真正了解一個人，你必須把人視為文化繼承者以及文化的創造者。

什麼是文化？

什麼是文化？文化是共享的符號景觀，用以建構我們的現實。在不同文化中成長的人會有不同的世界觀——這種差異有時會體現在最基本的層面上。例如在一九九七到二〇〇二年間，聯合國外交官有豁免權，可以在紐約任何地方任意停車，毋需繳交違規停車罰鍰。[17]研究人員發現，在這五年間，英國、瑞典、加拿大、澳洲等國的外交官不曾違規停車。然而，若是對貪腐指數及違規容忍度較高的國家，這些國家的外交官則會充分利用這個豁免權。結果，來自科威特、阿爾巴尼亞、查德和保加利亞的外交官，每人都累積了一百多張罰單。會有這樣的差異，是因為他們對違規停車有不同的看法。這裡要強調的一點是，違規次數與個別外交官誠實與否無關。有些外交官會嚴格遵守停車規定，因為他們來自比較守法的國家。還有一些外交官的祖先生活在殖民地、強權或專制國家，統治者的規定不合理，甚至不道德，因而打破規則情有可原。祖先的生活環境或多或少會影響到我們的世界觀。

文化心理學家米雪兒・蓋爾方德（Michele Gelfand）提出文化鬆緊有別的理論。有些群體生活在傳染病肆虐、飽受敵人侵略之地，就會發展出重視社會紀律、順從以及在危機時團結一致的文化。還有一些群體則生活在比較沒有敵人入侵的地方，也較少暴發傳染病，就會發展出比較鬆散的文化。鬆散的社會注重個人主義和創造力，但公民行動缺乏協調，傾向分裂與魯莽。她指出，美國就是典型的鬆散文化。

演化生物學家約瑟夫・亨里克（Joseph Henrich）在《西方文化的特立獨行如何形成繁榮世界》（*The WEIRDest People in the World*）一書分析，何以從世界史來看，WEIRD

地區——即西方（Western）、受過教育（Educated）、工業化（Industrialized）、富裕（Rich）且民主（Democratic）的社會——與大多數其他文化相較簡直是異類。[18]例如，在WEIRD文化中的人婚後往往會建立自己的家庭。但在一千兩百個人類社會中，只有百分之五是如此。我們通常會組成核心家庭。但在人類社會中，這種家庭模式只占百分之八。我們的婚姻是一夫一妻制，然而只有百分之十五的社會實行這樣的婚姻制度。諸如此類，不一而足。

亨里克發現，在WEIRD文化中長大的人與大多數文化中的人相比，更討厭墨守成規。[19]他們比較忠於普世價值，也許對朋友的忠誠度稍低。例如，在尼泊爾、委內瑞拉和南韓，大多數的人即使宣誓所言屬實，還是願意為了幫助朋友而撒謊。但在美國和加拿大，九成的人認為沒必要為了朋友這麼做。真是奇怪！亨里克一個核心論點是，如果所有的實驗都在西方的大學進行，受試者都是WEIRD社會的人，那就無法利用得到的數據來推斷人性。

李查・尼茲比（Richard Nisbett）是美國最著名的社會心理學家。在他的研究生涯中，多年致力於研究東西方的文化差異。他將這些差異歸因於東西方早期思想家和哲學家強調的價值觀不同。西方文化源頭的古希臘人強調個體的自主性和競爭。因此，西方人傾向以一個人的內心世界——此人的特質、情感和意圖——來解釋其行為。但早期的儒家思想則強調社會和諧。尼茲比在《思維的疆域》（*The Geography of Thought*）一書中，引用中國哲學研究權威羅思文（Henry Rosemont）的話：「對早期的儒家，我不是孤立存在的……為了與他人互動，我必須扮演種種不同的角色，我就是這些角色的總和。」因此，他認為東方人會從一個人的外在環境來解釋其行為。此人是在什麼樣的情況之下，才會做出這樣的行為？

這些古老的差異依然影響我們今天的行為。有一項研究以分布於世界各地的一萬五千人為對象，問他們比較喜歡重視個人主動性和創造力的工作，還是團隊工作？九成以上的美國人、英國人、荷蘭人和瑞典人都選擇重視個人表現的工作，然而在日本和新加坡，不到一半的受訪者選擇這麼做。

在一九七二年的一項經典研究中，以印第安那州和台灣的學童為研究對象，給他們看三張圖片，看哪兩張應該放在一起。[20]看到男人、女人、小孩這三張圖片時，美國學童多半會把男人和女人放在一起，因為他們都是大人。台灣學童傾向把女人和小孩放在一起，認為女人是照顧小孩的媽媽。看到雞、牛、草地這三張圖片時，美國學童會把雞和牛放在一起，因為這兩者是動物，而台灣學童會把牛和草地放在一起，因為牛吃草。研究人員發現，美國學童傾向按類別分類，而台灣學童傾向用關係分類。

然而，我們對這種一概而論必須非常謹慎。你不能把所有的西方人都扔進叫作「個人主義」的盒子，或是把所有的東方人都扔進叫作「集體主義」的盒子，但每個社區的典型行為都不一樣。你必須先找尋一個群體的一般模式，然後超越這個模式。如果一個人是在個人主義文化中長大的，卻表現出強烈的集體主義傾向，這說明什麼？

我想要強調過去的影響，先人如何活在我們的心中。亞伯爾托・阿萊西納（Alberto Alesina）、寶拉・朱里安諾（Paola Giuliano）和奈森・南恩（Nathan Nunn）用實證資料估計歷史上犁的使用對於現在社會女性地位的影響。[21]用犁耕種的農業社會對性別角色有深遠的影響，形成男主外、女主內的價值規範，因為男性大抵是耕犁的人。相形之下，在不用犁的農業社會則性別角色沒那麼明確。牧羊文化的後裔傾向個人主義，因為牧羊人必須獨自外出工作。稻作文化的後裔則非常互相依賴，因為大夥兒必須一起努力種植和收割稻穀。中國一位研究人員發現，與水稻種植區相比，歷史悠久的小麥種植區的離婚率高出百分之五十。

歷史學家大衛・哈克・費舍爾（David Hackett Fischer）的著作《阿爾比恩的種子》（*Albion's Seed*），解析白人的盎格魯撒克遜新教文化不同流別的長期發展。他指出，英國人在北美洲殖民時，分為幾個群體。英格蘭東部的人多半在新英格蘭定居，英格蘭南部的人去維吉尼亞，英格蘭中部的人在賓夕法尼亞落腳，而英格蘭北部的人則去了阿帕拉契地區。這大抵是三百五十年前的事。

他們帶著自己的文化來到異鄉——包括說話方式、建造房屋的方式、教養方式、運動方式、烹飪方式、對時間的態度、對社會秩序、權力和自由的態度。

費舍爾寫道，在新英格蘭定居的英國人道德觀念很強，敏於察覺罪惡，重視教育，非常勤奮，時間觀念很強，重視市政，積極參與公共事務。聽起來很像今天的新英格蘭。

至於來到維吉尼亞的英國人則有較多的貴族。他們很富有，建造富麗堂皇的宅第，很多是父權至上的大家庭。他們喜歡華麗、有褶邊的服飾，能接受階級差異，不會執著於按時完成工作。

移居到阿帕拉契的英國人多半是激進的基督教徒，崇尚以榮譽為核心的社會文化，比較有暴力傾向，重視宗族關係。他們的教養方式培養出注重勇氣和獨立的自豪，希望下一代具有戰士精神。果然，即使在今天，來自阿帕拉契的人在美國軍隊的占比不成比例的高。

儘管在過去的三個世紀發生了很多變化，但在費舍爾寫作的一九八〇年代，這些殖民地區早期生活型態留下來的影響仍顯而易見。麻州的謀殺率遠低於阿帕拉契地區。一九八〇年，新英格蘭地區的居民百分之九十都有高中畢業文憑，但在維吉尼亞只有百分之七十四。與大西洋中部或阿帕拉契各州的人相比，新英格蘭人比較願意忍受較高的稅率。新英格蘭地區依然比較具有社區和國家意識，而阿帕拉契地區和南方則比較強調家族觀念，也比較好戰，有著「我們會好好照顧自己」的文化。

綜觀美國歷史，新英格蘭各州和阿帕拉契各州的政治立場基本上是對立的。一八九六年和二〇二〇年的選舉地圖看來非常相似。儘管兩次選舉相隔一百多年，民粹主義候選人在南部和中西部州的表現都非常出色。唯一不同的是，一八九六年的威廉·詹寧斯·布萊恩（William Jennings Bryan）是民主黨人，而二〇二〇年的川普是共和黨人。雖然兩黨位置互換，好鬥的民粹主義精神依然不變。這種行為的種子早在三百多年前就已播下，今天很多實踐這種行為模式的人還不明就裡。

祖先的遺澤

我看著你，想要了解你的時候，會想問你，你的祖先對你的生活有何影響。如果你看著我，會想知道，過去如何塑造現在的我。我最近參加一場盛大的晚宴，席間每個人都談到祖先如何影響他們的生活。這些人，有些是荷蘭人，有些是黑人，還有一些是其他族裔，我們都興致勃勃的提出有趣的理論。

近日，二十世紀精神分析治療師西奧多．芮克（Theodor Reik）寫的一段話讓我很有感觸：「我不是忠貞的猶太人。我幾乎不讀希伯來文，對猶太歷史、文學和宗教只知道毛皮。但我知道，我骨子裡是個猶太人。強調我是猶太人跟否認我是猶太人一樣愚蠢、沒用。唯一可取的態度就是承認這是事實。」[22]

我也不是忠貞的猶太人，甚至比芮克更叛逆。我的信仰之旅把我帶到意想不到的方向。我不再去猶太會堂，我去了基督教會。我不說希伯來語，也不再遵守猶太飲食戒律。但我骨子裡也是個猶太人。這是無法逃避的。我舉手投足、我的思想在在受到猶太文化的影響。我對文字深深敬畏。對猶太人來說，論辯是一種禱告，而論辯就是我的工作。猶太人非常重視教育與成就，我的家族也是。

但我的祖先在我身上還有一些更微妙的表現。其中之一是對過去的敬畏。我們活在亞伯拉罕、約書亞、雅各、撒拉、拉結、拿俄米的遺澤之中。猶太人往往聚集在邊緣地帶，如耶路撒冷、紐約、伊斯坦堡等不同文明交會的地方。在這些地方，猶太人成為富有創造力的少數族群，擁有獨特的文化，同時為全體服務。然而，猶太人總是缺乏安全感。他們流亡了好幾個世紀，漸漸認知每個人都需要在世界上找到一個可稱之為家的地方。我認為，這種不安全感從未消失。你總覺得自己有點像陌生土地上的陌生人，對其他陌生人有一種親切感。

我發現有三位最有影響力的現代猶太思想家——馬克思、佛洛伊德和愛因斯坦——都把精力放在推動歷史前進的深層力量上。我一直覺得這一點很有意思。對馬克思來說，是經濟力量；對佛洛伊德來說，是潛意識的力量；而對愛因斯坦來說，是物理世界不可見的力量。他們都深入探索，想要了解推動人與事件的深層原因。

你想知道我認為我的祖先對我的生活影響最深的地方在那裡嗎？數千年前，猶太人是活在世界邊緣的渺小族裔，但他們相信上帝把他們放在歷史的中心。這是個大膽的信念！

這種信念代代相傳，使我們相信：人生是充滿勇氣的道德之旅。人生問我們和道德有關的問題：你是否履行你的承諾？接著，又提出進一步的問題：你是否已踏上了你的出埃及記？你是否努力做好人、盡心盡力修復這個世界？這些問題一直在我心裡，強迫我成長、變得更好。

因此，我看到你的時候，我想看到你的根源。於是，我會問這樣的問題：你的老家在哪裡？你的精神故鄉呢？先人如何影響你的人生？你如何擁抱你的文化或排拒你的文化？你如何創造你的文化？你對你的文化有何貢獻？你如何把你的文化傳下去？你如何背叛你的文化？你如何夾在兩種文化之間？

我們討論這些問題時，將超越淺薄的刻板印象和疏懶的判斷。我們將談到祖先給我們的恩賜，他們如何塑造我們。在我們談論之時，我開始看到一個完整的你。小說家羅勃特．潘．沃倫寫道：「你活在時間裡，一小段屬於你的時間，但那段時間不只是你自己的人生，也是與你同時存在其他人生的總和……你這個人也是歷史的表現。」

17 什麼是智慧？

智者像是教練，而非哲學家皇帝。

現在，只要我聽到一個人洞視另一個人的故事，就會豎起耳朵。例如，最近有個朋友提到，他女兒就讀二年級，在班上有格格不入的感覺。但有一天，老師對她說：「你知道嗎？你有一個了不起的優點：你會三思而後言。」朋友說，這句話讓他女兒那一年有了很大的轉變。她可能認為自己的沉默、不會交朋友是缺點，沒想到因此得到老師的稱讚。老師看到了她的過人之處。

這故事讓我想起我的一位老師，也曾看出我特別之處，儘管那不是稱讚。當時在上十一年級的英文課，我正如往常自作聰明的在課堂上發表一些意見。老師當著全班同學的面對我吼道：「大衛，別再耍嘴皮了。」我很難堪，恨不得找個地洞鑽進去，同時，感到一種莫名的榮幸。我想：「哇，她真的很了解我！」那個時期，我是為了炫耀而說話，而不是為了貢獻自己的意見。多虧她，我才知道不能老愛逞口舌之快。我必須學習放慢速度，消化正在想的東西，這樣我的想法才會發自內心深處，而非不經大腦脫口而出。

有一位女士告訴我，她十三歲時第一次參加派對，也是人生第一次喝酒。她喝得爛醉，有人送她到家門口，她只能躺在前廊，幾乎動彈不得。她父親是個高大、嚴於律己的人。她看到父親走出來，心想：「完了。完了。」她必然會被父親罵得狗血淋頭。沒想到，父親一語不發的把她抱起來，放在客廳沙發上，然後對她說：「我不會處罰你。你已經知道喝酒是怎麼回事了。」父親知道她的心思——她覺得自己被看見了。

在史書中有時也可看到這樣的場景：一個人洞視另一個人的內心。例如，一九三〇年代的一天，小羅斯福總統在白宮接待一位二十八歲的國會議員林登．詹森。[1] 詹森離開後，小羅斯福轉身對他的內政部長哈羅德．伊克斯（Harold Ickes）說：「你知道嗎？年輕時的我可能成為像他那樣豪放不羈的年輕專業人士——如果我沒上哈佛的話。」小羅斯福接著預測：「在接下來的幾代人中，這個國家的權力平衡將轉移到南方和西部。那個叫林登·詹森的小夥子，很有可能成為第一位來自南方的總統。」

我也開始注意小說家如何讓人洞視自己筆下的人物。莫泊桑如此刻畫他書中的一個角色：「他是個留著紅鬍子的紳士，總是一馬當先的穿過門口。」光是這麼一句，就讓這個角色躍然紙上，完整呈現整個人物形象——盛氣凌人、爭強好勝、自以為是。

我會把這些日常生活的小小感悟看成是智慧。智慧不是對物理或地理的了解。智慧是對人的了解。智慧是能洞察一個人本質的能力，知道這個人在複雜的情況下應該如何行動。這是照亮者能與周圍的人分享的珍貴禮物。

智者

過去幾年在為本書做研究的過程中，我對智者的看法有了轉變。以前，我對智慧的看法很傳統。智者是崇高的聖人，像尤達、鄧不利多或所羅門那樣給人改變人生的建言。智者知道你的問題該如何解決，你該做什麼工作，可以告訴你是否該和正在交往的對象結婚。我們都會被這種智者吸引，因為我們都希望不費吹灰之力就得到答案。

然而，現在思及我自己人生中的智者，我發覺最先出現在我的腦海裡的，不是妙語如珠的演講者，也不是說出改變人生箴言的人。現在，我對智慧有了不同的看法。

我現在認為，智者不會告訴我們該怎麼做。他們會先見證我們的故事，傾聽我們講述的軼事、我們提出的解釋和述說的情節，看到我們的掙扎、奮鬥。他們看到我們如何因應人生的辯證——包括親密與獨立、控制與不確定性的對立——了解現在的自我只是在目前所處的位置，是連續成長過程的一部分。

真正知心的朋友——我們在碰到困難時求助的人——比較像是教練，而非哲學家皇帝。他們會聽你述說，接受你說的故事，而且會促使你了解自己真正想要的是什麼，或者說出你在故事中刻意隱瞞的負面元素。他們要你探究真正困擾你的是什麼，尋求表面問題之下的深層疑惑。智者不會告訴你該怎麼做，而是幫助你釐清自己的想法和情緒。他們與你一起進入你的意義創造過程，幫助你擴展這個過程，推動你前進。所有的選擇都涉及取捨：如果你接受這份工作，就不會做那份工作。人生的很多事情都涉及對立的調和：我想要親密，也想要自由。智者創造了一個安全的空間，讓你在其中穿越種種模糊和矛盾。他們會督促你、誘導你，直到你看到一個顯而易見的解決方案。

他們最重要的天賦是傾聽，也就是接收你發出的訊息。這不是一種被動的技能。智者不只是豎起耳朵，還會營造一種熱情、周到的氛圍，鼓勵你拋開顯示脆弱的一面及面對自己的恐懼。在智者營造的氛圍中，我們可以交換故事和祕密。在這樣的氛圍裡，我們可以自由的做自己，誠實面對自己。

與智者相遇得到的知識是與自身密切相關、有脈絡的，不是釘在公告板上、概括一切的格言。這與你獨特的自我和獨特的處境息息相關。智者會幫助你用不同的方式檢視自己、你的過去，以及你周圍的世界。他們常常會聚焦於你的人際關係，容易忽視的空隙。如何才能培養、改善這段友誼或婚姻？智者會看到你的天賦和潛力，甚至你自己看不到的東西。他們這樣看你，往往能減輕你的壓力，讓你與目前的處境保持一定的距離，給你帶來希望。

我們都知道有些人很聰明，但這並不代表他們有智慧。理解和智慧來自死裡逃生，從人生的陷阱逃脫，存活下來，在生活中成長，與他人有廣泛和深入的接觸。因為你歷經痛苦、掙扎、友誼、親密和喜悅，你才能感知、同情他人——看到他們的脆弱、困惑和勇氣。智者過著豐富、多采多姿的人生，且對自己的經歷有著深刻的省思。

這是崇高的理想。沒有人能一直對別人有那麼敏銳的洞察力。但我相信崇高的理想。我相信堅持卓越標準。正如佐拉．赫斯頓的母親所言，我們應該對著太陽跳。即使我們無法在太陽著陸，只要跳起來，至少會比以前高。就算失敗，至少不是因為我們的理想不夠崇高。最後，我將以四個例子來為此書作結。在這四個例子當中，其中一人都洞視另一人的靈魂深處。我想，我們可從這些例子學到這項技能。

倖存者

第一個例子涉及一九四五年生於紐約的作家崔西．基德（Tracy Kidder）。幾十年前，基德遇見一個名叫狄奧葛雷修斯（Deogratius）的非洲人。狄奧葛雷修斯比基德小三十歲，在蒲隆地農村山丘長大。基德後來在《倖存者的力量》（*Strength in What Remains*）一書把狄奧的故事寫出來。這本書證明，深入了解另一個人的確是有可能的，哪怕是來自不同世界的人。

在這本書開頭，二十二歲的狄奧正在登機，即將從蒲隆地飛往紐約。這是他有生以來第一次坐飛機。我們隨著作者的描述，進入他的內心世界。狄奧在東非農村長大，生活圈裡只有乳牛、小學校和家人。飛機是他見過最大的人造物體。基德讓我們感受他的驚奇。狄奧用驚異的眼光看著飛機內部。他看到一排排整齊的座椅，椅子上鋪著白布。「他沒看過這麼漂亮的空間。」[2]基德寫道。起飛時，狄奧很害怕，但他發現椅墊坐起來很舒服，開始享受飛翔的感覺。「不用走路，坐在舒適的椅子上，就可旅行，真是太棒了。」但有件事讓他困惑，他發現座椅前方置物袋裡的資料竟然不是法文。從上小學開始，老師不是已告訴他們，法文是全世界通用的語言，這是怎麼回事？

他終於在紐約降落，身上只有兩百美元，不會英語，沒有朋友，甚至沒有聯絡人。陌生人幫助他在這個城市存活。不久，他在一家雜貨店當送貨員，晚上在中央公園露宿。一個曾當過修女、名叫莎倫的女人好心幫他找到棲身之處、合法居留的身分，讓他有個未來。基德讓我們看到狄奧在接受施捨時有多麼不自在，畢竟他覺得自己是個成熟、獨立的男人。他說：「她就像媽媽，一直為你擔心，不斷提醒你，你還需要她的幫助。我不由得惱怒，因為這是事實，我確實需要她的幫助。」更多的陌生人對他伸出援手。狄奧把他從蒲隆地帶來的書拿給一個美國中年人看。這個美國人告訴他的妻子：「這個年輕人愛看書。他該上學。」於是，他們帶他去亨特學院（Hunter College）上英語課，讓英語成為他的第二語言。他們還帶他去參觀大學。狄奧一走進哥倫比亞大學的校門，心想：「這才是真正的大學！」他在哥倫比亞大學附設語言中心報名。他的新朋友為他支付六千美元的學費。最後，他參加了一連串的入學考試，包括SAT和微積分。考微積分時，他是第一個交卷的。他把試卷拿到監考老師面前，老師看了他的答案，對他燦笑，說道：「你這小子，很不賴喔。」

他孑然一身來到紐約，幾乎身無分文，才短短幾年，他已成了一所常春藤名校的學生。他修習醫學和哲學，希望能縮小「他的經歷以及他能表達的之間的差距」。[3]

來到紐約之前的經歷，才是他故事的核心。幾年前，狄奧在蒲隆地的一個社區衛生中心工作。當時暴發種族滅絕的慘劇，胡圖人屠殺圖西人。一天，狄奧聽到院子傳來卡車聲、口哨聲和民兵的聲音。他連忙跑回宿舍，躲在床底下。他聽到有人哀求：「別殺我！」接著是槍聲和焦肉味。然後是死寂，只有一群狗爭奪、撕咬屍體的聲響。那晚一片漆黑。殺戮平息後，狄奧開始奔跑。在接下來的四天裡，他走了七十二公里，以逃離種族屠殺的現場。他看到一個死去的女人斜靠在一棵樹上，她的寶寶還活著，但狄奧無法帶那個孩子離去。基德捕捉他當時的心境：「過去幾天的景象、聲音和氣味——尖叫、屍體、人肉焚燒——彷彿匯集成另一個自己，他感覺自己長出一層新的皮膚。」[4]

在離開蒲隆地的逃亡路上，他看到更多屍體、更多威脅，他遇見的每個人都可能用大砍刀砍向他的腦袋。

基德遇見狄奧之時，狄奧已離開蒲隆地十幾年，在紐約落腳，也從哥倫比亞大學畢業了。基德大概知道狄奧的過去，而他下定決心要把狄奧的故事寫出來，是因為狄奧告訴他，在他露宿中央公園的日子，總是在天黑之後才偷偷溜進公園。他不想讓別人看到，不希望陌生人瞧不起他，把他看成一個可悲的流浪漢。狄奧過去人生中的很多事情，都不是基德能體會的，但這種對陌生人評判目光的恐懼、因為素不相識的人鄙視而畏縮——這些情緒則是基德熟悉的，也許可以成為兩人經驗之間的橋梁。

狄奧不是容易採訪的對象。蒲隆地的文化是堅忍不拔。基德告訴我：「在蒲隆地的語言，提起過去有兩個詞，這兩個都是負面的。」經過兩年多的交談，狄奧的故事才漸漸浮現。「如果不花時間跟一個人在一起，很難讓人打開心房，」基德說。「如果你花時間，你想知道的事情就會慢慢顯露。」關鍵就是傾聽、全神貫注、保持耐心、不要打斷對方。基德告訴我說，他比較喜歡努力了解他人的自己。他現在更謙虛，話也少了。

基德不只採訪狄奧，還陪他去他待過的一些地方。他們去他在中央公園睡覺的地方，也去了他當送貨員的超市。他們一起散步，基德因而得以了解狄奧經歷的具體細節。最後，他們去了蒲隆地，追溯那段種族屠殺的歷程。

他們坐車前往狄奧工作的那家衛生中心，基德不由得起了雞皮疙瘩。當年狄奧躲在床底下，而他的鄰居在外頭被活活砍死。這是個陰森不祥之地。這趟旅程讓他們深陷於黑暗和威脅之中。接近衛生中心時，坐在後座的基德對狄奧說：「也許我們該回去了。」[5]狄奧回答說：「你可能看不到大海，但此刻我們已在大海中央，我們不能回頭，必須繼續向前游下去。」

基德告訴我，他們抵達衛生中心時，狄奧陷入一種憤怒的恍惚，對每一個跟他打招呼的人報以誇張、虛偽的微笑。這裡已成一個空殼子，只剩一個醫師，但他不是真正的醫師，也沒有病人。他們最後來到狄奧藏身的房間。基德在書中寫道：「狄奧曾向我描述他的噩夢。他說，這些噩夢並不特別，每一個人都會做噩夢……直到現在，我還無法完全了解其中的區分：即使是他做過的最可怕的夢，也不會比引發這些噩夢的現實更怪異、更駭人。他不會從噩夢中醒來，然後告訴自己，幸好這只是做夢，不是真的。」[6]

邪惡的氛圍教人不寒而慄。基德現在終於能感同身受，了解狄奧經歷了什麼：「這是一個沒有理性的地方。在那一刻，我不相信理性的力量能對抗這一切。我想，部分問題在於，有一瞬間，我不相信狄奧。儘管他對那個『醫師』燦笑，我感覺到他的憤怒已達到沸點，我從未看到他如此憤怒。」

在寫書的過程中，基德把狄奧拉回過去的創傷，因而不時感到內疚。基德可以看到種族屠殺對狄奧造成的傷害。有時他會突然發怒，有時則會退縮到自己的內心世界。一個朋友說，狄奧就像沒有保護殼，他接觸的一切都會滲透到他的內心深處，震撼他。

我懷抱敬畏之情拜讀基德寫的《倖存者的力量》。基德不只描繪出狄奧的豐富和複雜，也讓我們透過他的眼睛看世界。我打電話給基德，說想跟他談談這本書時，狄奧的弟弟正住在他家，成了他們家的朋友。狄奧已回到蒲隆地，為家鄉的友人創立了一家衛生中心，甚至願意救助曾想要屠殺他的胡圖族人。儘管《倖存者的力量》已出版十年了，基德對狄奧的好奇心依然不減。

我想向基德學習如何更有耐心的傾聽。我已知道如何陪伴別人，也知道只是聽別人重複講述過去的經歷是不夠的。我發現，我們真的可能洞視那些與自己經歷截然不同的人。從狄奧身上，我學到信任。狄奧發現他可以漸漸對基德打開心房，說出自己的故事。這個人能見證他所經歷的一切，接下來他就能為這個世界做出貢獻。

逃避者

第二個例子與第十四章的心理治療師蘿蕊・葛利布有關。她曾告訴我：「大多數的人心裡已有答案，但他們需要有人引導，才能聽見答案。」她在《也許你該找人談談》（*Maybe You Should Talk to Someone*）一書中，描述她如何陪伴一個叫約翰的人。約翰是個典型只想到自己的自戀狂。他的工作是在一個收視率很高的電視節目擔任編劇，贏得一座又一座艾美獎，但對周遭的人來說，他簡直是個怪物，殘忍、冷漠、不耐煩、瞧不起人。他來接受心理治療是因為失眠、婚姻瀕臨破裂、女兒行為失常。一開始，他對待葛利布跟對其他人沒什麼兩樣，也就是把她當成是他不得不容忍的白痴。在治療過程中，他會一直滑手機。儘管她就坐在他面前，還是得傳簡訊給他，才能得到回應。他還給自己訂午餐，一邊接受談話治療，一邊吃飯。他說葛利布是「妓女」，因為他付她鐘點費。約翰認為自己是業界翹楚、成功人士，周遭的人都是庸才。

葛利布大可把約翰歸類為這樣的人：自戀型人格障礙。但她告訴我：「我不想把診斷當成標籤貼在一個人身上就算了。這樣就無從深入了解這個人。」根據過去的經驗，她知道那些苛刻、挑剔、易怒的人往往非常孤獨。[7]直覺告訴她，約翰內心有某種掙扎，他在躲避某些情感，因此為自己建造了護城河和堡壘來保護自己，不讓這些情感入侵。她不停的對自己說：「同情他，同情他，同情他。」她後來向我解釋說：「難以啟齒的話會透過行為來表達。有些事約翰說不出來，於是他粗魯的對待他人，擺出高人一等的姿態。」

她的第一個任務是與他建立關係，讓他覺得有人了解他的感受。正如她的描述，她的方法是告訴他：「在這個房間裡，我會看到你，你會想躲起來，但我還是會看到你。你別怕被我看見。」[8]

葛利布對約翰表現出極大的寬容，忽略他無數次混蛋行徑，等他顯露更大的創傷跡象。成功的友誼就像成功的治療，是在尊重和反抗之間取得平衡，既要積極關懷對方，也得指出其自欺欺人之處。至於無條件的正向關懷，佛教徒有個說法，也就是「濫慈悲」（idiot compassion），這是一種從不質疑他人的故事，不想讓人難過或傷心的同理心。這是安慰，但也是掩飾。於是，葛利布稍稍刺激約翰。她知道，她不能操之過急，必須用他能接受的步調，否則他會逃避。她設法用問題讓他對自己好奇。「一般而言，治療師會比病人預想好幾步，」她寫道：「這不是因為我們比較聰明或更有智慧，而是因為旁觀者清，我們能從局外人的角度來看他們的生活。」9

在葛利布的陪伴下，約翰講述的自己的故事不再那麼扭曲。他一直隱藏的過去開始浮現。有一天，約翰用稀鬆平常的語氣提到他母親在他六歲時過世。她母親是老師，放學離開學校時，發現一個學生在馬路上，一輛車急駛而來。她衝到馬路上，把那個學生推開，自己卻被撞死了。葛利布想知道，在他母親死後，是否有人告訴他要把自己的感情藏起來，表現出「堅強」的樣子。

有一天，約翰在發洩生活中的種種壓力，提到太太和女兒聯手對付他，突然冒出這麼一句：「蓋博在鬧情緒。」葛利布只聽他提過女兒的事，就問：「誰是蓋博？」他臉紅了，迴避這個問題。葛利布不肯善罷干休，再問：「蓋博是誰？」他臉上掠過一陣情緒波動。最後，他才說：「蓋博是我兒子。」隨即拿起手機，走出去。

幾個星期後，他終於回來時，透露自己有個兒子。之前他脫口而出說蓋博在鬧情緒，這句話必然是從無意識的某處蹦出來的，因為蓋博已經死了。蓋博六歲時，約翰開車載全家人去樂高樂園玩。路上，他的手機響了。太太很不高興，說手機入侵他們的家庭生活。最後，約翰還是低頭看看是誰打來的。就在這瞬間，一輛休旅車迎面撞上來。蓋博死了。約翰心想，自己瞄手機那一刻可是致命的錯誤？如果他一直看著路面，能躲過那輛休旅車嗎？或者躲不了，依然會被撞上？

關於他的人生，約翰終於知道如何講述一個比較真實的版本。他發現，他也因此能跟太太共度一個美好的夜晚，也能接受自己有時快樂有時悲傷的事實。他讓葛利布看見他，也找到一種看待自己的新方式。「你可別以為自己很了不起，」他告訴葛利布，「但我想，你是我生命中最能全面了解我的人。」

葛利布如此描述那一刻：「我感動到說不出話來。」

我時常回味葛利布和約翰的故事，因為從這個故事可以看出真正接受的溫柔——尤其是對人性的弱點保持寬容，耐心的讓他人按照自己的節奏來顯露不為人知的一面。但這也彰顯有時需要的心理韌性。智者不會被人踩在腳下，會站出來捍衛真相。如發現有人逃避現實，在必要的時候，也會叫人出來面對。神學家亨利・盧雲（Henri Nouwen）寫道：「一味的接受，沒有對抗，只會導致一種平淡的中立，對任何人都沒好處。若只是對抗而不接受，則會造成壓迫性的侵略，使每個人受到傷害。」[10]

心靈捕手

第三個例子來自你可能看過的一部電影「心靈捕手」（*Good Will Hunting*）。在電影前半，我們可以看到麥特・戴蒙飾演天才孤兒威爾・杭亭不費吹灰之力解開一道又一道數學難題，以高超的能力擊敗自大的研究生，他的機智讓其他人啞口無言。他和一個曾欺負他的幫派分子打了起來，因為毆打到現場處理的警察而遭到逮捕，進了少年觀護所。只要他接受羅賓・威廉斯飾演的治療師的輔導，就可免於牢獄之災。在片中，這位治療師為威爾營造了一個友善、接納的環境，讓他可以卸下心防。兩人因為都是紅襪隊的球迷而變成忘年之交，也願意對彼此吐露自己的創傷。不過，有一次威爾取笑治療師，批評他畫的一幅畫，就像他瞧不起大多數的人。看威爾如此簡化自己的人生，治療師很難過，晚上輾轉難眠。最後，他恍然大悟。這孩子根本不知道自己在說什麼。威爾．杭亭也許很懂數學，但他不知道如何看人。這位治療師跟他約好在公園見面。兩人坐在長椅上，面對池塘。治療師告訴他事實：

你是個愛逞強的孩子。我問你戰爭，你可能會引用莎士比亞，對吧？「親愛的朋友，讓我們再次共赴戰場。」但你從來就沒有經歷過戰爭。你不曾托著摯友的頭，看他用眼神求你，嚥下最後一口氣。如果我問你愛情，你會背誦一首十四行詩給我聽，但你從來沒凝視一個女人，拜倒在石榴裙下，完全顯露自己脆弱的一面。從來沒有一個女人直視你，與你四目相接。你不曾感覺上帝安排一個天使在你身邊，她能把你從地獄的深淵救出來……

我看著你，我看到的不是一個聰明絕頂、信心滿滿的人，而是一個狂妄自大、天不怕地不怕的孩子。但你是天才。沒有人能否定這點……就我個人而言，我根本不在乎這些，因為你知道嗎？我無法從書上學到的東西，也無法從你身上學到，除非你願意開口，談談你自己，跟我說你是誰。我被你迷住了。我願意聽你說。但是你不想說，是吧？你害怕自己會說出什麼。

治療師說完就起身離去。但他在說這段話的同時，威爾漸漸浮現認同的表情，同意他說的。你可以看出威爾已經知道自己有這些問題，只是不相信自己可以面對這些事實。他一直在逃避，不願面對自己。在我看來，這段話源於用心聆聽。治療師不只聽到威爾說的話，還聽出威爾沒說的——源於身為孤兒的恐懼和脆弱。他聽出威爾想要隱藏的最深的祕密。但他把這個可恥的祕密擺在檯面上，希望他明白：「我知道你的這些事了，但我還是關心你。」

治療師鞭策威爾走向另一種認知方式，也就是本書尋求的認知。他讓威爾超越客觀認知及表面知識，也就是威爾用以建構防禦堡壘的材料。治療師希望威爾採取個人認知方式，讓他知道只有願意承擔情感風險、對他人和經驗敞開心扉，才能完全感受那是怎麼一回事。這種感知不僅在大腦，並且在心靈和身體中。治療師給他一種痛苦但重要的榮耀。他看到威爾的本來面目，甚至包括他脆弱的一面。治療師看到他的潛能，並為他指出實現潛能之路。

威爾．杭亭的故事教我們如何以關心為出發點來點醒別人，教我們如何在指出他人缺點的同時給予最大的支持。讓我以一個日常的例子來解說。我在寫作時，有時不知怎麼就是覺得我寫的某一部分有問題。我隱約感覺有什麼地方出了問題，就像你走出家門，才感覺好像忘了帶某件重要的東西。到底是什麼，你卻說不出來。我常常因為偷懶或是想快點完工就壓抑這些感覺。但好的編輯總是能一針見血指出問題在哪裡。這時，我才會完全正視我必須修改的事實。在當事人還不明就裡時，以關心為出發點來提出針砭，最有成效。在完全信任和支持的情況下，這種批評往往有畫龍點睛之妙，當事人也會覺得豁然開朗。正因為這是源於關愛，你看到對方的辛苦，對方也就不會有不受尊重的感覺。

這就是朋友為我們做的。他們不只讓我們開心，激發出我們最好的一面，也為我們舉起一面鏡子，讓我們得以看見自己。我們這樣看自己時，就有機會改善自己，變得更成熟、圓滿。激進派作家雷道夫．波恩（Randolph Bourne）曾說：「朋友寥寥無幾，人會成長不全。一個人的天性有些層面被鎖住了，從未釋放。這是自己開不了，也無法發現的，只有在朋友的激勵之下才能解鎖。」

真理共同體

不久前，我參加了一場晚宴，席間有兩位非常優秀的小說家。有人問，他們是怎麼開始寫的？是先想出一個人物，然後圍繞著這個人物展開故事，還是先建構情節，然後依照情節發展創造人物？他們答，兩者皆非，他們是從關係開始的。他們以一個人與另一個人的關係為核心，然後想像在這關係中的人有哪些異同，會有什麼樣的衝突，他們的關係如何成長或惡化，以及關係確立之後，這兩個角色會如何互相影響和改變。這些都構思好了，人物就會自然而然在腦海中浮現，以關係為主軸的情節也會清楚顯現出來。

那晚，聽他們解說之後，我開始用不同的方式讀小說。現在，我讀小說時，我會問：這本書核心中的關係為何？一般而言，好的小說都會有一個或數個這樣的核心關係驅使一切的進展。此外，我也因此看到更重要的東西：智慧並不完全是個人擁有的特質。智慧也是在關係或關係體系中實踐的社會技能。人們聚在一起，形成帕克·巴默爾所謂的「真理共同體」，就能實踐智慧。

真理共同體可能是像課堂一樣簡單——老師和學生一起研究某個問題。也可能是兩個人在咖啡館為某個問題腦力激盪。也可能是偉大的科學研究。分散在世界各地成千上萬的科學家發揮想像力，共同研究某個問題，科學就會向前發展。甚至是一個人獨自閱讀一本書——作者的心靈和讀者的心靈互相交會，激發出洞察力。童妮・摩里森寫道：「弗雷德里克・道格拉斯（Frederick Douglass）談到他的祖母，詹姆斯・鮑德溫（James Baldwin）提及他的父親，西蒙・德・波娃（Simone de Beauvoir）講到她母親的事，他們使我的內心出現通道，讓我得以進入自己的內在生活。」

人們真的有興趣一起觀察和探索，就會形成一個真理共同體。他們不會想去操控對方，不需要立刻下結論，說「那是愚蠢的」或「那是正確的」。反之，他們會停下來思索某人方才說的話，這句話對這個人來說有什麼意義。

我們置身於一個真理共同體時，會試圖從彼此的觀點來看，在彼此的思想中旅行，因此得以擺脫自我中心的心態——我是正常的，我看到的是客觀的，其他人則都是古怪的——有機會用別人的眼光來看世界。

在一個真理共同體中，會出現一件讓人意想不到的事。其中一人有了一個想法。這個想法就像大腦裡的一段小小的電路。這個人分享這個想法，其他人接受了之後，他們的大腦就會出現相同的電路。如果全班同學都在思索這個想法，那麼二十五個人的大腦就有相同的電路。於是，我們的思維交織在一起。認知科學家道格拉斯．霍夫斯達特（Douglas Hofstadter）稱這些電路為回路。他認為，我們在交流時，回路會在不同的大腦中流動，我們的思維就像是一個共同的有機體，心意相通。「同情共感」不足以形容這種交融。霍夫斯達特說，一個人、一副軀體或是一顆大腦不能做為這種狀態的特徵，這是每個人的思維、所有的思維不斷互相交流的狀態。

比方說，你參加一個讀書會。你與其他讀書會成員長年累月的聚會。有時你已記不清哪些想法是你的，哪些是別人的。你發現，多年來的交流已交織成一場漫長的對話。這個讀書會像是有自己獨特的聲音，這個聲音要比每個成員的聲音來得大。

這裡產生兩種知識。第一種當然是對書籍的深入理解。第二種則更微妙，也更重要。這是關於這個讀書會的知識。這是每個成員對這個群體動態的認知，每個成員在談話時傾向扮演什麼樣的角色，以及每個成員有何種貢獻。

或許在這裡用「知識」一詞會讓人誤解。若是說第二種是「感知」比較準確。每個成員都很有默契，知道討論如何進行，何時該說，何時該打住，何時該請一直沉默的成員表達自己的意見。一群人不斷練習本書探討的技巧，才能實現這種感知。同在真理共同體的一群人以真誠和尊重的態度深入交談，就會出現神奇的時刻。正如我在本書開頭說的，與其論辯說理，不如提出例證。

最後，我將再用一個「看見和被看見」的例子為本書畫下句點。這是我在凱瑟琳・舒爾茲（Kathryn Schulz）最近出版的回憶錄《失物招領》（*Lost & Found*）看到的。二十世紀顛沛流離的歐洲人多達數百萬人，凱瑟琳的父親艾薩克正是其中之一。在二戰期間和戰後那幾年，艾薩克輾轉巴勒斯坦、戰後德國，最後來到美國，成了律師，給他的家庭他兒時未曾體會過的幸福和穩定。

他開朗、健談，對什麼都很好奇，也都有意見——舉凡伊迪絲・華頓（Edith Wharton）的小說、棒球內野高飛球規則、蘋果餡餅是否比蘋果酥餅好吃。女兒還小的時候，他每晚都唸故事書給她們聽，用誇張的聲音和滑稽的動作扮演故事裡的人物。有時，他乾脆把故事書扔到一邊，用自己的童年生活編造懸疑故事，女兒因此興奮不已——明明這時他的任務是用床邊故事安撫女兒，讓她們進入甜蜜的夢鄉。凱瑟琳描繪的父親是一個熱情、好奇、合群的人，他是家裡的支柱——一個把家庭變成真理共同體的人。

他生命的最後十年，病痛纏身，身體狀況愈來愈糟，最後甚至不再開口說話。醫師無法解釋，家人也不知道為什麼會這樣。說話向來是他人生的一大樂事。

一天晚上，在他彌留之際，家人圍繞在他身邊。「我一直認為我們一家關係親密，沒想到，在他燈枯油盡這一刻，我們能夠如此親近。」舒爾茲寫道。那晚，家人都在父親身旁，輪流跟他說話。每個人都想把話說出來，以免留下遺憾。他們告訴父親，他給了他們什麼，他這一生非常光彩。

舒爾茲描述這一刻：

父親雖然不能言語，但似乎很警覺，在我們說話時，他看著我們的臉，棕色眼眸淚光閃閃。我討厭看他哭，他也很少落淚，但這次，我滿心感激。他知道，這是他人生最後一次哭泣，也是最重要的一次。我知道，那晚，無論他看哪裡，他都會發現自己和家人在一起時，他就是圓心，他是永恆之愛的源頭，也是我們深愛的對象。[11]

這是一個真正被看見的人。

誠實評估自我

看到這裡，你可能會以為我是另一個老佛洛伊德。我花了好幾年的時間思索這個問題：如何真正的了解一個人，也讓人真正了解自己。你也許認為，我現在走進一個地方，就能看穿每個人的靈魂。你認為我擁有驚人的洞察力，得以看到每個人的真面目。你認為我是偉大的照亮者，在派對上光芒四射，讓那些削弱者相形見絀，羞愧得無地自容。但如果我誠實的自我評估，本書講述的技能我掌握了多少，我不得不說：儘管已有很大的進步，仍有不少地方尚待改進，仍需繼續努力。

例如，昨天，也就是我寫下這最後幾段的前一天，我與兩個人長談。其中一位是個年輕女性，她即將辭去目前的工作，跟丈夫搬到美國的另一頭，正在重新規劃人生的方向。另一位是政府官員，我倆共進晚餐。他所屬黨派正面臨強烈抨擊。他們來找我談，請我給他們建議。我想，這該是我有進步的徵象。以前，很少有人來找我，在我面前顯現他們的脆弱，希望我陪陪他們。這兩個例子讓我恍然大悟：不是人家不來找我，是我錯失時機。每次談話都會有一個關鍵時刻，但我只是嘰哩呱啦，不會暫停，沒用心思索對方說的話。

昨天跟我一起吃午飯的那位女士說，她將花四個月的時間好好反省。我應該在這裡打住，問說這句話是什麼意思，她要如何反省？她以前這樣做過嗎？希望發現什麼？同樣的，那位官員朋友告訴我，他不善於與人相處。沒錯。此刻，我正陪他度過人生的關卡，他卻一直回想過去的事或是盤算晚一點必須做什麼。他就在過去和未來之間跳躍，不能專注於此時此刻。這是重要的告白！我該打斷他的話，問他如何察覺自己有這樣的弱點，這個弱點是否影響他的人際關係，他希望如何解決這個問題？經過這一天的試煉，我了解我必須精進自己的能力，在談話的當下發現這樣的關鍵時刻。我必須學習如何提出問題，跟對方繼續互動，以了解對方。

在本書的最後，我將誠實的評估自己，希望這個練習也能幫你誠實的自我評估。我最大的問題是，儘管我已下定決定，我也知道洞視別人的技巧，但在忙亂的日常生活中，我還是常常讓我的自我掌控一切。在社交場合，我還是管不住自己的嘴巴，喋喋不休，展現自己的聰明，講述有趣的故事，希望我讓人印象深刻或討人喜歡。我還是爭勝要強。如果你告訴我，你發生了什麼，我就會說我有類似的經驗，以搶占話語權。我能怎麼說？畢竟我是專欄作家，畢生都在抒發自己的意見，如何戒掉喜歡高談闊論的習慣？

我的第二個問題是，我依然缺乏自信。我想，這是天生的，我永遠無法克服這個缺點。我知道在傾聽時無聲的回應很重要，但我的表情和舉止仍是平靜多於反應，我總是沉聲靜氣，很少情緒激動。我知道每次談話除了實際上說了什麼，還有情緒起伏，敞開心扉、讓感情交流對我而言是很難的。幾天前，我跟太太出席了一場晚宴。我看到她和鄰座女士在大桌子的另一頭相談甚歡。她們看著彼此，全神貫注，談得眉飛色舞，好像這裡只有她們倆，其他人都不存在。接著，我的目光瞥向另一個角落，看到兩個熟人靠在一起，額頭貼著額頭，其中一人的手搭在另一人肩上，兩人的友誼是如此深厚濃烈，彷彿已合而為一，成為一個不可分割的整體。對我們這些比較拘謹的人來說，這種親密仍是一大挑戰。

好的一面是，我的姿態有了全面的轉變。我願意變得更脆弱、更開放、更平易近人，希望我也成為一個更良善的人。我的目光變得更溫暖，用比較個人的視角看世界。即使談的是政治、運動或其他話題，我真正想了解的是你。我更能感受到你的主體性——你如何經歷過去的種種、如何建構你的觀點。我更善於把一般交談變成令人難忘的對話。

此外，我對人生也有更深的了解。我知道人格特質，知道目前的人生任務如何塑造一個人，痛苦如何淬鍊我們，如何跟情緒低落的人交談，如何了解不同文化對一個人觀點的影響。這些了悟不只讓我有識人之明，也給我更多的自信，讓我鼓起勇氣接近陌生人或是跟朋友一起散步。當我跟一個人說話的時候，我知道要注意什麼。我更善於提出大問題，更會察覺談話的各種動態，更有膽量開口，願意跟與我截然不同的人交談。在我面前的人顯露真正的脆弱，我就不再拘謹；我很開心，因為他們的信任感到榮幸。

我的了悟以及我想在本書分享的智慧，讓我對道德目標有清楚的認識。帕克．巴默爾的話語一直迴盪在我腦海裡：每一種認識論都將成為一種倫理。我看見你的方式反映了我的道德觀，可能慷慨、體貼，也可能吹毛求疵、冷酷無情。因此，我照艾瑞斯．梅鐸寫的，對這個世界投以「公正和關愛」的目光。寫完這本書之後，我已掌握了一些具體的細節，知道自己想要成為什麼樣的人。這是非常重要的知識。

身邊有照亮者是一大幸事。照亮者深知人類的弱點，也有同情之心，因為他知道每個人都有弱點。他寬容人類的愚蠢，因為他知道我們所有的愚行。他接受衝突是無可避免的，也會以好奇和尊重的態度看待意見分歧。

只向內看的人，只會看到混亂，而用批判眼光向外看的人，只會發現缺陷。如果我們能用同情和理解的眼光來看，就會看到複雜的靈魂和他們的痛苦，也能看到他們如何努力展翅，駕馭人生。如果能掌握本書描述的技能，就能擁有敏銳的洞察力，察覺這個人的姿勢變得僵硬，那個人焦慮到顫抖。此人會用關愛的目光包圍別人，這種目光的擁抱不只能讓他感同身受，也能讓人覺得他就在自己身邊，分享他們經歷的事情。即使周遭世界涼薄無情，他也會照奧登（W. H. Auden）詩中所言，展現包容一切的關心和愛：「如果愛不等量，讓我成為比較愛的一方吧。」最後，他會了解，史詩般的英雄行徑和利他主義不足以定義一個人的品格。一個人的品格高下，就看他日常怎麼與人互動。說來簡單，就是讓人覺得自己被看見、被理解——這點非常重要，但要做到很不容易。如果做得到，就能成為讓人珍惜的同事、公民、愛人、配偶和朋友。

謝辭

從某個層面來看，寫作是孤獨的工作。我每天早上醒來，從七點半寫到下午一點。我的Fitbit健康智慧手錶告訴我，我早上在打瞌睡。我沒有打瞌睡，我在寫作。我想，我的心跳速率下降，所以這個具有睡眠監測功能的手錶以為我睡著了。其實，我只是在做我該做的事。

我一直很幸運能跟報社、雜誌社合作，撰寫專欄。我的身邊有很多良師益友給我指導、幫助、支持，與我為伴。我在《紐約時報》的前同事米雪．萊博維茨（Michal Leibowitz）在本書寫作過程中給我寶貴的意見。她告訴我哪些地方寫得不錯，哪些還需要修改——以外部觀點，謹慎的提出批評意見。米雪在寫作和編輯領域大有可為。我在《泰晤士報》的編輯尼克．福克斯（Nick Fox）一直督促我要把論點寫得更清楚一點。本書第十章講述我的好友彼得・馬克斯與憂鬱症搏鬥的經過。此文初稿發表在《泰晤士報》，尼克建議我改寫，可以多著墨於個人經驗，流露更多情感。

我在《大西洋月刊》的好友，如傑福瑞・戈德堡（Jeffrey Goldberg）、史卡特・斯托塞爾（Scott Stossel）等人鼓勵我進行社會分析，讓我相信我必須把這本書寫出來，以了解我們目前面臨的社會和關係危機，以及能做些什麼。

像我這樣對自己的出版社百分之百滿意的作者恐怕非常稀有。這是我與企鵝蘭登書屋合作的第四本書。他們一直不遺餘力的支持我。我的編輯安迪・沃德（Andy Ward）和他的團隊傾注全力，讓每一頁文字更曉暢明白。任何一個作家要繼續寫下去，少不了這樣的支援。這也是我和我的經紀人倫敦・金恩（London King）合作的第四本書。因為她，我的書才能送到全世界讀者的手上。我告訴她，沒有人能做得比她好。本書也得力於兩位出色的編輯之助——邦妮・湯普森（Bonnie Thompson）和希拉蕊・麥克萊倫（Hilary McClellan）。她們仔細查核事實，也是明智的讀者。

我有機會在耶魯的傑克森全球事務學院（Jackson School of Global Affairs）開課，教授此書內容，儘管本書主題和全球事務沒多大關聯。我的學生不只是大學生，還有海軍陸戰隊隊員、環境科學家和社會創業家。他們加深我的思考，溫暖我的心，一次又一次的提醒我，了解他們真的很有趣。

我的很多朋友都讀過本書初稿，給我明智的建議。坦白說，因為他們的意見，我才不至於偏離方向。我要特別感謝彼得・韋納（Pete Wehner）、大衛・布雷德利、蓋瑞・霍根（Gary Haugen）、法蘭西絲・柯林斯（Francis Collins）、尤瓦爾・列文（Yuval Levin）、馬克・拉伯頓（Mark Labberton）、菲利普・楊西（Philip Yancy）、安德魯・史提爾（Andrew Steer）、詹姆斯・佛西思（James Forsyth）和羅素・摩爾（Russell Moore）。在我寫這本書時，有兩位好友蒙主寵召：邁克・格爾森（Michael Gerson）與提姆・凱勒（Tim Keller）。我會珍藏我們對話的回憶。我非常想念他們。

沒有專家之助，就不可能寫出這麼一本書。非常感謝所有回覆我電話的人，特別是芝加哥大學心理學家尼可拉斯・艾普利、神經科學家麗莎・費德曼・巴瑞特、西北大學心理學教授丹・麥亞當斯、心理治療師蘿蕊・葛利布、作家崔西・基德、發展心理學家羅伯特・基根等人。

彼得・馬克斯和他的妻子珍妮佛・麥夏恩（Jennifer McSchane）是我的摯友。我們一生相知相惜。彼得在二〇二二年去世後，珍妮佛和兩個兒子歐文和詹姆斯同意我講述彼得的故事。感謝他們的勇氣。我希望我們能幫助更多人了解憂鬱症以及如何陪伴這樣的病人。我無法用言語表達我對這母子三人的欽佩之情。

我有兩個兒子，一個女兒。約書亞、娜歐蜜和艾倫曾經是孩子，在玩耍中成長。現在，他們已長大成人，成為我生命中的夥伴，影響我的思想和希望。沒有我妻子安·史奈德·布魯克斯（Anne Snyder Brooks），就沒有這本書。其中一個原因是，要不是她，我根本不可能寫出這麼一本書。安是作家，也是《評論》雜誌編輯。一個家有兩個作家，你會覺得這個家必然非常安靜、孤獨。但多虧她的寬宏大量和開闊的胸襟，再加上她的辛勞，我們家永遠有朋友和客人，一起聽音樂、玩遊戲、運動、聊天。多年來我似乎一直在寫她不需要看的書。她充滿愛心，以他人為中心，敏於感知別人的心情，擁有讓人感覺自己被看見的天賦，為所有認識她的人帶來真正的喜悅。她的睿智是無法從書上學到的，她的慷慨不是可以透過公式產生的——那也是聖靈所結的果子。

注釋

01　被看見的力量

1. Aaron De Smet, Bonnie Dowling, Marino Mugayar-Baldocchi, and Bill Schaninger, "'Great Attrition' or 'Great Attraction'? The Choice Is Yours," *McKinsey Quarterly*, September 2021.
2. Quoted in Bessel A. van der Kolk, *The Body Keeps the Score: Brain, Mind and Body in the Healing of Trauma* (New York: Penguin Books, 2014), 107.
3. Wendy Moffat, *A Great Unrecorded History: A New Life of E. M. Forster* (New York: Farrar, Straus and Giroux, 2010), 11.
4. Jon Gertner, *The Idea Factory: Bell Labs and the Great Age of American Innovation* (New York: Penguin Books, 2012), 135.
5. Nicholas Epley, *Mindwise: Why We Misunderstand What Others Think, Believe, Feel, and Want* (New York: Vintage, 2014), 9.
6. William Ickes, *Everyday Mind Reading: Understanding What Other People Think and Feel* (Amherst, N.Y.: Prometheus), 78.
7. Ickes, *Everyday Mind Reading*, 164.
8. Ickes, *Everyday Mind Reading*, 109.

02　視而不見

1. Epley, *Mindwise*, 55.

2. Vivian Gornick, *Fierce Attachments: A Memoir* (New York: Farrar, Straus and Giroux, 1987), 76.
3. Gornick, *Fierce Attachments*, 6.
4. Gornick, *Fierce Attachments*, 32.
5. Gornick, *Fierce Attachments*, 104.
6. Gornick, *Fierce Attachments*, 204.

03 照亮者

1. Iain McGilchrist, *The Master and His Emissary: The Divided Brain and the Making of the Western World* (New Haven: Yale University Press, 2009), 133.
2. Frederick Buechner, *The Remarkable Ordinary: How to Stop, Look, and Listen to Life* (Grand Rapids, Mich.: Zondervan, 2017), 24.
3. Zadie Smith, "Fascinated to Presume: In Defense of Fiction," *New York Review of Books*, October 24, 2019.
4. Parker J. Palmer, *To Know as We Are Known: Education as a Spiritual Journey* (San Francisco: HarperCollins, 1993), 58.
5. Nigel Hamilton, *How to Do Biography: A Primer* (Cambridge, Mass.: Harvard University Press, 2008), 39.
6. Leo Tolstoy, *Resurrection*, trans. Aline P. Delano (New York: Grosset & Dunlap, 1911), 59.
7. Palmer, *To Know as We Are Known*, 21.
8. Iris Murdoch, *The Sovereignty of Good* (Abingdon, U.K.: Routledge, 2014), 36.

9. Martha C. Nussbaum, introduction to *The Black Prince, by Iris Murdoch* (New York: Penguin Classics, 2003), xviii.
10. Murdoch, *The Sovereignty of Good*, 27.
11. Murdoch, *The Sovereignty of Good*, 85.
12. Murdoch, *The Sovereignty of Good*, 30.
13. Mary Pipher, *Letters to a Young Therapist: Stories of Hope and Healing* (New York: Basic Books, 2016), 180.
14. Pipher, *Letters to a Young Therapist*, xxv.
15. Pipher, *Letters to a Young Therapist*, 30.
16. Pipher, *Letters to a Young Therapist*, 43.
17. Pipher, *Letters to a Young Therapist*, 109.

04 陪伴

1. Loren Eiseley, "The Flow of the River," in *The Immense Journey* (1946; repr., New York: Vintage Books, 1959), 15–27.
2. D. H. Lawrence, *Lady Chatterley's Lover* (New York: Penguin Books, 2006), 323.
3. Dacher Keltner, *Born to Be Good: The Science of a Meaningful Life* (New York: W. W. Norton, 2009), 134.
4. Gail Caldwell, *Let's Take the Long Way Home: A Memoir of Friendship* (New York: Random House, 2010), 83.
5. Caldwell, *Let's Take the Long Way Home*, 87.
6. Margaret Guenther, *Holy Listening: The Art of Spiritual Direction* (Lanham, Md.: Rowman & Little.eld, 1992), 23.
7. Daniel Goleman, *Social Intelligence: The New Science of Human*

Relationships (New York: Bantam, 2006), 257.

05 人是什麼？

1. Emmanuel Carrère, *Lives Other Than My Own*, trans. Linda Coverdale (New York: Metropolitan, 2011), 2.
2. Carrère, *Lives Other Than My Own*, 11.
3. Carrère, *Lives Other Than My Own*, 31.
4. Carrère, *Lives Other Than My Own*, 43.
5. Carrère, *Lives Other Than My Own*, 51.
6. Marc Brackett, *Permission to Feel: Unlocking the Power of Emotions to Help Our Kids, Ourselves, and Our Society Thrive* (New York: Celadon, 2019), 63.
7. Irvin D. Yalom, *The Gift of Therapy: An Open Letter to a New Generation of Therapists and Their Patients* (New York: Harper Perennial, 2009), 31.
8. Anil Seth, *Being You: A New Science of Consciousness* (New York: Dutton, 2021), 97.
9. Seth, *Being You*, 281.
10. Lisa Feldman Barrett, *How Emotions Are Made: The Secret Life of the Brain* (New York: Houghton Mifflin Harcourt, 2017), 27.
11. Stanislas Dehaene, *How We Learn: Why Brains Learn Better Than Any Machine ... for Now* (New York: Penguin Books, 2021), 155.
12. Michael J. Spivey, *Who You Are: The Science of Connectedness* (Cambridge, Mass.: MIT Press, 2020), 19.
13. Quoted in Dennis Proffitt and Drake Baer, *Perception: How Our*

Bodies Shape Our Minds (New York: St. Martin's, 2020), 170.

14. McGilchrist, *The Master and His Emissary*, 97.
15. Barrett, *How Emotions Are Made*, 85.

06 對話技巧

1. John Buchan, *Pilgrim's Way: An Essay in Recollection* (Boston: Houghton Mifflin, 1940), 155.
2. Kate Murphy, *You're Not Listening: What You're Missing and Why It Matters* (New York: Celadon, 2020), 70.
3. Murphy, *You're Not Listening*, 106.
4. Proffitt and Baer, *Perception*, 123.
5. Murphy, *You're Not Listening*, 186.
6. Murphy, *You're Not Listening*, 145.
7. Mónica Guzmán, *I Never Thought of It That Way: How to Have Fearlessly Curious Conversations in Dangerously Divided Times* (Dallas, Tex.: BenBella, 2020), 200.

07 好問題

1. Will Storr, *The Science of Storytelling: Why Stories Make Us Human and How to Tell Them Better* (New York: Abrams, 2020), 17.
2. Murphy, *You're Not Listening*, 96.
3. Peter Block, *Community: The Structure of Belonging* (Oakland, Calif.: Berrett-Koehler, 2009), 135.

4. Guzmán, *I Never Thought of It That Way*, xxi.
5. Ethan Kross, *Chatter: The Voice in Our Heads, Why It Matters, and How to Harness It* (New York: Crown, 2021), 35.
6. Kross, *Chatter*, 37.
7. Kross, *Chatter*, 30.

08 盲目是一種傳染病

1. Holly Hedegaard, Sally C. Curtin, and Margaret Warner, “Suicide Mortality in the United States, 1999–2019,” Data Brief No. 398, National Center for Health Statistics, February 2021.
2. Moriah Balingit, “ ‘A Cry for Help’: CDC Warns of a Steep Decline in Teen Mental Health,” *Washington Post*, March 31, 2022.
3. Chris Jackson and Negar Ballard, “Over Half of Americans Report Feeling Like No One Knows Them Well,” Ipsos, accessed April 12, 2023, https://www.ipsos.com/en-us/news-polls/us-loneliness-index-report.
4. “Loneliness in America: How the Pandemic Has Deepened an Epidemic of Loneliness and What We Can Do About It,” Making Caring Common, accessed April 12, 2023, https://mcc.gse.harvard.edu/reports/loneliness-in-america.
5. Bryce Ward, “Americans Are Choosing to Be Alone: Here’s Why We Should Reverse That,” *Washington Post*, November 23, 2022.
6. David Brooks, “The Rising Tide of Global Sadness,” *New York Times*, October 27, 2022.

7. Johann Hari, *Lost Connections: Why You're Depressed and How to Find Hope* (New York: Bloomsbury, 2018), 82.
8. Giovanni Frazzetto, *Together, Closer: The Art and Science of Intimacy in Friendship, Love, and Family* (New York: Penguin Books, 2017), 12.
9. Van der Kolk, *The Body Keeps the Score*, 80.
10. Joe Hernandez, "Hate Crimes Reach the Highest Level in More Than a Decade," NPR, August 31, 2021.
11. "Only Half of U.S. Households Donated to Charity, Worst Rate in Decades," CBS News, July 27, 2021.
12. David Brooks, "America Is Having a Moral Convulsion," *Atlantic*, October 5, 2020.
13. Ryan Streeter and David Wilde, "The Lonely (Political) Crowd," American Enterprise Institute, accessed April 14, 2023, https://www.aei.org/articles/the-lonely-political-crowd/.
14. Tom Junod, "Why Mass Shootings Keep Happening," *Esquire*, October 2, 2017.
15. Jean Hatzfeld, *Machete Season: The Killers in Rwanda Speak,* trans. Linda Coverdale (New York: Farrar, Straus and Giroux, 2005), 24.
16. "Where Americans Find Meaning in Life," Pew Research Center, November 20, 2018.

09 艱難對話

1. Ralph Ellison, *Invisible Man* (New York: Vintage, 1995), 4.

2. Guzmán, *I Never Thought of It That Way*, 53.
3. Kerry Patterson, Joseph Grenny, Ron McMillan, and Al Switzler, *Crucial Conversations: Tools for Talking When the Stakes Are High* (New York: McGraw-Hill, 2002), 79.
4. Proffitt and Baer, *Perception*, 38.
5. Proffitt and Baer, *Perception*, 39.
6. Proffitt and Baer, *Perception*, 6.
7. Proffitt and Baer, *Perception*, 56.
8. Proffitt and Baer, *Perception*, 20.

11 同理心的藝術

1. Andy Crouch, *The Life We're Looking For: Reclaiming Relationship in a Technological World* (New York: Convergent, 2022), 3.
2. Martin Buber, *I and Thou*, trans. Walter Kaufmann (Edinburgh: T. & T. Clark, 1970), 28.
3. Stephen Cope, *Deep Human Connection: Why We Need It More Than Anything Else* (Carlsbad, Calif.: Hay House, 2017), 29.
4. Demi Moore, *Inside Out: A Memoir* (New York: Harper-Collins, 2019), 69.
5. George E. Vaillant, *Triumphs of Experience: The Men of the Harvard Grant Study* (Cambridge, Mass.: Belknap Press of Harvard University Press, 2012), 43.
6. Vaillant, *Triumphs of Experience*, 134.
7. Vaillant, *Triumphs of Experience*, 357.

8. Vaillant, *Triumphs of Experience*, 134.
9. Vaillant, *Triumphs of Experience*, 139.
10. Tara Bennett-Goleman, *Emotional Alchemy: How the Mind Can Heal the Heart* (New York: Three Rivers, 2001), 96.
11. Storr, *The Science of Storytelling*, 1.
12. Storr, *The Science of Storytelling*, 222.
13. Howard Thurman, *Jesus and the Disinherited* (Boston: Beacon, 1996), 88.
14. Sacha Golob, "Why Some of the Smartest People Can Be So Very Stupid," *Psyche*, August 4, 2021, https://psyche.co/ideas/why-some-of-the-smartest-people-can-be-so-very-stupid.
15. Leonard Mlodinow, *Emotional: How Feelings Shape Our Thinking* (New York: Pantheon, 2022), 28.
16. Epley, *Mindwise*, 47.
17. Barrett, *How Emotions Are Made*, 102.
18. Barrett, *How Emotions Are Made*, 2.
19. Barrett, *How Emotions Are Made*, 183.
20. Matthew D. Lieberman, *Social: Why Our Brains Are Wired to Connect* (New York: Crown, 2013), 150.
21. Elizabeth Dias, "Kate Bowler on Her Cancer Diagnosis and Her Faith," *Time*, January 25, 2018.
22. Karla McLaren, *The Art of Empathy: A Complete Guide to Life's Most Essential Skill* (Boulder, Colo.: Sounds True, 2013), 13.
23. Simon Baron-Cohen, *Zero Degrees of Empathy: A New Theory of Human Cruelty* (London: Allen Lane, 2011), 31.
24. Baron-Cohen, *Zero Degrees of Empathy*, 37.

25. Baron-Cohen, *Zero Degrees of Empathy*, 34.
26. Baron-Cohen, *Zero Degrees of Empathy*, 36.
27. Leslie Jamison, *The Empathy Exams: Essays* (Minneapolis: Graywolf, 2014), 21.
28. *Giving Voice*, directed by James D. Stern and Fernando Villena (Beverly Hills, Calif.: Endgame Entertainment, 2020).
29. Paul Giamatti and Stephen T. Asma, "Phantasia," *Aeon*, March 23, 2021, https://aeon.co/essays/imagination-is-the-sixth-sense-be-careful-how-you-use-it.
30. Dan P. McAdams, *The Stories We Live By: Personal Myths and the Making of the Self* (New York: Guilford, 1993), 243.
31. Brackett, *Permission to Feel*, 113.
32. Brackett, *Permission to Feel*, 124.
33. Brackett, *Permission to Feel*, 233.
34. David Brooks, "What Do You Say to the Sufferer?," *New York Times*, December 9, 2021.
35. Barrett, *How Emotions Are Made*, 77.
36. David Brooks, *The Social Animal: The Hidden Sources of Love, Character, and Achievement* (New York: Random House, 2011), 217.

12 痛苦如何塑造了你？

1. Barbara Lazear Ascher, *Ghosting: A Widow's Voyage Out* (New York: Pushcart, 2021), 46.
2. Ascher, *Ghosting*, 124.

3. Ascher, *Ghosting*, 93.
4. Stephen Joseph, *What Doesn't Kill Us: A New Psychology of Posttraumatic Growth* (New York: Basic Books, 2011), 109.
5. Joseph, *What Doesn't Kill Us*, 104.
6. Joseph, *What Doesn't Kill Us*, 6.
7. Frederick Buechner, *The Sacred Journey: A Memoir of Early Days* (New York: HarperCollins, 1982), 45.
8. Buechner, *The Sacred Journey*, 54.
9. Frederick Buechner, *The Eyes of the Heart: A Memoir of the Lost and Found* (New York: HarperCollins, 1999), 17.
10. Buechner, *The Sacred Journey*, 46.
11. Buechner, *The Sacred Journey*, 69.
12. Buechner, *The Eyes of the Heart*, 68.
13. Joseph, *What Doesn't Kill Us*, 70.
14. Harold S. Kushner, *When Bad Things Happen to Good People* (New York: Schocken, 1981), 133.
15. Murdoch, *The Sovereignty of Good*, 91.

13　性格：你能帶來什麼樣的能量？

1. Dan P. McAdams, *George W. Bush and the Redemptive Dream: A Psychological Portrait* (New York: Oxford University Press, 2011), 34.
2. McAdams, *George W. Bush and the Redemptive Dream*, 18.
3. McAdams, *George W. Bush and the Redemptive Dream*, 19.
4. Jonathan Sacks, *Morality: Restoring the Common Good in*

Divided Times (New York: Basic Books, 2020), 229.

5. Quoted in Benjamin Hardy, *Personality Isn't Permanent: Break Free from Self-Limiting Beliefs and Rewrite Your Story* (New York: Portfolio, 2020), 28.
6. Luke D. Smillie, Margaret L. Kern, and Mirko Uljarevic, "Extraversion: Description, Development, and Mechanisms," in *Handbook of Personality Development*, ed. Dan P. McAdams, Rebecca L. Shiner, and Jennifer L. Tackett (New York: Guilford, 2019), 128.
7. Daniel Nettle, *Personality: What Makes You the Way You Are* (New York: Oxford University Press, 2007), 81.
8. Nettle, *Personality*, 84.
9. Danielle Dick, *The Child Code: Understanding Your Child's Unique Nature for Happier, More Effective Parenting* (New York: Avery, 2021), 92.
10. Nettle, *Personality*, 149.
11. Dan P. McAdams, *The Art and Science of Personality Development* (New York: Guilford, 2015), 106.
12. Nettle, *Personality*, 111.
13. Scott Barry Kaufman, *Transcend: The New Science of Self-Actualization* (New York: TarcherPerigee, 2020), 10.
14. Nettle, *Personality*, 119.
15. Nettle, *Personality*, 160.
16. Kaufman, *Transcend*, 110.
17. Ted Schwaba, "The Structure, Measurement, and Development of Openness to Experience Across Adulthood," in *Handbook of*

Personality Development, 185.

18. Schwaba, "The Structure, Measurement and Development of Openness to Experience Across Adulthood," 196.
19. Quoted in David Keirsey, *Please Understand Me II: Temperament, Character, Intelligence* (Del Mar, Calif.: Prometheus Nemesis, 1998), 55.
20. Brent W. Roberts, Nathan R. Kuncel, Rebecca Shiner, Avshalom Caspi, and Lewis R. Goldberg, "The Power of Personality: The Comparative Validity of Personality Traits, Socioeconomic Status, and Cognitive Ability for Predicting Important Life Outcomes," *Perspectives on Psychological Science* 2, no. 4 (December 2007): 313–45.
21. Dick, *The Child Code*, 122.
22. Edward Mendelson, *The Things That Matter: What Seven Classic Novels Have to Say About the Stages of Life* (New York: Pantheon, 2006), 79.
23. Brent W. Roberts and Hee J. Yoon, "Personality Psychology," *Annual Review of Psychology* 73 (January 2022): 489–516.

14　人生任務

1. Alison Gopnik, Andrew Meltzoff, and Patricia Kuhl, *How Babies Think: The Science of Childhood* (London: Weidenfeld & Nicolson, 1999), 29.
2. Gopnik, Meltzoff, and Kuhl, *How Babies Think*, 37.
3. Mihaly Csikszentmihalyi, *The Evolving Self: A Psychology for the*

Third Millennium (New York: Harper-Perennial, 1993), 179.

4. Philip M. Lewis, *The Discerning Heart: The Developmental Psychology of Robert Kegan* (Seattle: Amazon Digital Services, 2011), 54.
5. Csikszentmihalyi, *The Evolving Self*, 38.
6. Csikszentmihalyi, *The Evolving Self*, 97.
7. Csikszentmihalyi, *The Evolving Self*, 206.
8. Robert Kegan, *In Over Our Heads: The Mental Demands of Modern Life* (Cambridge, Mass.: Harvard University Press, 1994), 17.
9. Lori Gottlieb, *Maybe You Should Talk to Someone: A Therapist, Her Therapist, and Our Lives Revealed* (New York: Houghton Mifflin Harcourt, 2019), 174.
10. Robert A. Caro, *Working: Researching, Interviewing, Writing* (New York: Vintage, 2019), 158.
11. Caro, *Working*, 151.
12. Wallace Stegner, *Crossing to Safety* (New York: Random House, 1987), 143.
13. Vaillant, *Triumphs of Experience*, 153.
14. C. G. Jung, *Modern Man in Search of a Soul*, trans. W. S. Dell and Cary F. Baynes (New York: Harcourt, Brace, 1933) 104.
15. Vaillant, *Triumphs of Experience*, 18.
16. Vaillant, *Triumphs of Experience*, 20.
17. Vaillant, *Triumphs of Experience*, 24.
18. Vaillant, *Triumphs of Experience*, 154.
19. Robert Kegan and Lisa Laskow Lahey, *Immunity to Change: How*

to Overcome It and Unlock the Potential in Yourself and Your Organization (Boston: Harvard Business Press, 2009), 35.

20. Lewis, *The Discerning Heart*, 88.
21. Quoted in Diane Ackerman, *An Alchemy of Mind: The Marvel and Mystery of the Brain* (New York: Scribner, 2004), 121.
22. Described in Vaillant, *Triumphs of Experience*, 168.
23. Irvin D. Yalom, *Staring at the Sun: Overcoming the Terror of Death* (San Francisco: Jossey-Bass, 2008), 297.
24. Wilfred M. McClay, "Being There," *Hedgehog Review* (Fall 2018), https://hedgehogreview.com/issues/the-evening-of-life/articles/being-there.
25. Jung, *Modern Man in Search of a Soul*, 125.
26. Quoted in Kegan, *The Evolving Self*, 215.

15 人生故事

1. Fernyhough, *The Voices Within*, 36.
2. Kross, *Chatter*, xxii.
3. Fernyhough, *The Voices Within*, 65.
4. Anatoly Reshetnikov, "Multiplicity All-Around: In Defence of Nomadic IR and Its New Destination," *New Perspectives* 27, no. 3 (2019), 159–66.
5. Fernyhough, *The Voices Within*, 44.
6. McAdams, *The Stories We Live By*, 127.
7. Viola Davis, *Finding Me* (New York: HarperCollins, 2022), 6.
8. Davis, *Finding Me*, 2.

9. Davis, *Finding Me*, 67.
10. McAdams, *The Art and Science of Personality Development*, 298.
11. Mary Catherine Bateson, *Composing a Life* (New York: Atlantic Monthly Press, 1989), 6.
12. James Hillman, *The Soul's Code: In Search of Character and Calling* (New York: Ballantine, 1996), 173.
13. Stephen Cope, *Deep Human Connection: Why We Need It More Than Anything Else* (Carlsbad, Calif.: Hay House, 2017), 178.
14. Cope, *Deep Human Connection*, 180.
15. Quoted in Storr, *The Science of Storytelling*, 68.
16. Philip Weinstein, *Becoming Faulkner: The Art and Life of William Faulkner* (New York: Oxford University Press, 2010), 3.

16 尋根

1. Valerie Boyd, *Wrapped in Rainbows: The Life of Zora Neale Hurston* (New York: Scribner, 2003), 32.
2. Zora Neale Hurston, *Dust Tracks on a Road: An Autobiography* (New York: HarperPerennial, 1996), 34.
3. Boyd, *Wrapped in Rainbows*, 14.
4. Hurston, *Dust Tracks on a Road*, 34.
5. Hurston, *Dust Tracks on a Road*, 46.
6. Hurston, *Dust Tracks on a Road*, 104.
7. Boyd, *Wrapped in Rainbows*, 25.
8. Toni Morrison, "The Site of Memory," in *Inventing the Truth: The Art and Craft of Memoir*, ed. William K. Zinsser (Boston:

Houghton Mifflin, 1998), 199.
9. Boyd, *Wrapped in Rainbows*, 40.
10. Hurston, *Dust Tracks on a Road*, 66.
11. Boyd, *Wrapped in Rainbows*, 75.
12. Boyd, *Wrapped in Rainbows*, 110.
13. Boyd, *Wrapped in Rainbows*, 165.
14. Danté Stewart, "In the Shadow of Memory," *Comment*, April 23, 2020, https://comment.org/in-the-shadow-of-memory/.
15. Hurston, *Dust Tracks on a Road*, 171.
16. Hurston, *Dust Tracks on a Road*, 192.
17. Joseph Henrich, *The WEIRDest People in the World: How the West Became Psychologically Peculiar and Particularly Prosperous* (New York: Picador, 2020), 41.
18. Henrich, *The WEIRDest People in the World*, 156.
19. Henrich, *The WEIRDest People in the World*, 45.
20. Proffitt and Baer, *Perception*, 195.
21. Esther Hsieh, "Rice Farming Linked to Holistic Thinking," *Scientific American*, November 1, 2014.
22. Theodor Reik, *Listening with the Third Ear: The Inner Experience of a Psychoanalyst* (New York: Farrar, Straus and Giroux, 1948), 64.

17　什麼是智慧？

1. Robert Caro, "Lyndon Johnson and the Roots of Power," in *Extraordinary Lives: The Art and Craft of American Biography*,

ed. William K. Zinsser (Boston: Houghton Mifflin, 1988), 200.

2. Tracy Kidder, *Strength in What Remains* (New York: Random House, 2009), 5.
3. Kidder, *Strength in What Remains*, 183.
4. Kidder, *Strength in What Remains*, 123.
5. Kidder, *Strength in What Remains*, 216.
6. Kidder, *Strength in What Remains*, 219.
7. Gottlieb, *Maybe You Should Talk to Someone*, 93.
8. Gottlieb, *Maybe You Should Talk to Someone*, 47.
9. Gottlieb, *Maybe You Should Talk to Someone*, 154.
10. Henri J. M. Nouwen, *Reaching Out: The Three Movements of the Spiritual Life* (New York: Image Books, 1966), 99.
11. Kathryn Schulz, *Lost & Found: A Memoir* (New York: Random House, 2022), 43.

心理勵志 BBP486

深刻認識一個人

發現自己與他人的非凡之處

How to Know a Person：The Art of Seeing Others Deeply and Being Deeply Seen

作者 — 大衛・布魯克斯 David Brooks
譯者 — 廖月娟

副社長兼總編輯 — 吳佩穎
資深主編暨責任編輯 — 陳怡琳
校對 — 呂佳真
封面設計 — BIANCO TSAI
內頁排版 — 張靜怡、楊仕堯

出版者 — 遠見天下文化出版股份有限公司
創辦人 — 高希均、王力行
遠見・天下文化 事業群榮譽董事長 — 高希均
遠見・天下文化 事業群董事長 — 王力行
天下文化社長 — 王力行
天下文化總經理 — 鄧瑋羚
國際事務開發部兼版權中心總監 — 潘欣
法律顧問 — 理律法律事務所陳長文律師
著作權顧問 — 魏啟翔律師
地址 — 台北市 104 松江路 93 巷 1 號 2 樓

讀者服務專線 — (02) 2662-0012 ｜傳真 — (02) 2662-0007；(02) 2662-0009
電子郵件信箱 — cwpc@cwgv.com.tw
直接郵撥帳號 — 1326703-6 號　遠見天下文化出版股份有限公司

製版廠 — 東豪印刷股份有限公司
印刷廠 — 祥峰印刷事業有限公司
裝訂廠 — 聿成裝訂股份有限公司
登記證 — 局版台業字第 2517 號
總經銷 — 大和書報圖書股份有限公司 電話／ (02) 8990-2588
出版日期 — 2024 年 4 月 30 日第一版第 1 次印行
2024 年 10 月 8 日第一版第 7 次印行

國家圖書館出版品預行編目（CIP）資料

深刻認識一個人：發現自己與他人的非凡之處／大衛・布魯克斯（David Brooks）著；廖月娟譯. -- 第一版. -- 臺北市：遠見天下文化出版股份有限公司, 2024.04
面； 公分. --（心理勵志；BBP486）
譯自：How to know a person: the art of seeing others deeply and being deeply seen
ISBN 978-626-355-715-4（平裝）

1. CST：人際關係　2. CST：人際傳播
3. CST：人生哲學

177.3　　113003681

定價 — NT 450 元
ISBN — 978-626-355-715-4
EISBN — 9786263557130（EPUB）；9786263557147（PDF）
書號 — BBP486
天下文化官網 — bookzone.cwgv.com.tw

天下文化

BELIEVE IN READING